高校入試対策

英語リスニング 練習問題

実践問題集　茨城県版
2025年春受験用

contents

JN131609

教英出版

本書の特長

① 基本問題集（別冊）

英語リスニング問題を**7章の出題パターン別**に練習できる問題集です。
茨城県公立高校入試の英語リスニング問題の**出題パターンを重点的**に練習できます。

② 解答集（別冊）

①基本問題集の解答・解説・放送文・日本語訳などを収録。すべての問題の**放送文と日本語訳を見開きページで見る**ことができ，単語や表現を1つずつ照らし合わせながら復習ができます。

③ 実践問題集茨城県版（この冊子）

茨城県公立高校入試の**過去問題(2回分)**と，形式が似ている**実践問題(3回分)**を収録。
茨城県公立高校入試の**出題パターンの把握**や**入試本番に向けての練習**に最適です。

実践問題集 茨城県版 の特長と使い方

 2回分の過去問題

茨城県公立高校入試で**実際に出題された**問題です。

 3回分の実践問題

茨城県公立高校入試と**出題パターンが似ている**問題です。

  使い方

2ページの**過去の典型的な出題パターンと対策**で出題パターンを把握してから，**過去問題と実践問題**に進んでください。問題を解いた後に**解答例と解説**を見て，**答えにつながる聴き取れなかった部分を聴き直す**と効果的です。別冊の**基本問題集で出題パターン別**に練習して，**出題パターンに合った実力**をつけてからこの冊子に進むと，**過去問題と実践問題**をよりスムーズに解くことができます。

■))) 音声の聴き方

教英出版ウェブサイトの「**ご購入者様のページ**」に下記の「**書籍ID番号**」を入力して音声を聴いてください。

ID 158010 （有効期限 2025年9月）

教英出版ウェブサイトの「**ご購入者様のページ**」へ

過去の典型的な出題パターンと対策

▶ 絵・グラフ… 対話や英文を聞き、絵やグラフを選ぶ　⇆ 別冊　第1章

 放送文

(Aya): I visited Okinawa for three days last week.
(Bob): That's nice. It's snowy here today, but how was the weather in Okinawa?
(Aya): It was rainy on the first day. But on the second day it was cloudy, and on the third day it was sunny at last.
Question: How was the weather when the girl arrived in Okinawa?

問題

対話を聞いて、質問に合う絵をア〜エから1つ選び、記号を書きなさい。

ア
晴れ

イ
くもり

ウ
雨

エ
雪

▶ 対話や英文と質問(1つ)…対話や英文を聞き、質問の答えを選ぶ　⇆ 別冊　第3章

 放送文

A ： What do you want to eat for lunch?
B ： Well... I'd like to have an omelet and some coffee. How about you, Tomoya?
A ： I'm very hungry. So I'd like to have a hamburger and some milk.
B ： Then, shall we eat at a cafeteria near the station?
質問します。   What is Tomoya going to have for lunch?

 問題

対話を聞いて、質問に合うものをア〜エから1つ選び、記号を書きなさい。

ア. An omelet and some coffee.　　イ. An omelet and some milk.
ウ. A hamburger and some coffee.　エ. A hamburger and some milk.

▶ 英文と質問(複数)…英文を聞き、複数の質問の答えを選ぶ　 別冊　第6章

放送文

Now I'm going to talk about my classes in Japan. We often make groups and learn a lot of things from each other. Talking with the group members is very important for us because we can share different ideas. Here in America, I want to enjoy classes. So I will try to exchange ideas with you in English.

Questions: No.1 Why does Sakura talk in groups during her classes in Japan?
No.2 What does Sakura want to say in her speech?

 問題

英文を聞いて、それぞれの質問に合うものをア〜エから1つ選び、記号を書きなさい。

No.1 ア To make groups.
　　 イ To write a letter.
　　 ウ To share different ideas.
　　 エ To see many friends.

No.2 ア How she learns in her classes.
　　 イ Which university she wants to go to.
　　 ウ When she decided to go to America.
　　 エ Who taught her English in Japan.

Point

対策ポイント

絵・グラフの問題や英文と質問(複数)の問題では、答えにつながる部分と質問を正しく聞き取れるかどうかがカギとなる。最初に選択肢の絵や文を見て、放送される内容を予想してから音声を聞こう。

過去問題 A

次の(1)〜(4)は，放送による問題です。それぞれの放送の指示にしたがって答えなさい。

(1) これから，**No. 1** から **No. 5** まで，五つの英文を放送します。放送される英文を聞いて，その内容に合うものを選ぶ問題です。それぞれの英文の内容に最もよく合うものを，**ア，イ，ウ，エ**の中から一つ選んで，その記号を書きなさい。

No. 1

No. 2

No. 3

	No. 1	No. 2	No. 3	No. 4	No. 5
(1)					

No. 4

ア【人気の習い事】	イ【人気の習い事】	ウ【人気の習い事】	エ【人気の習い事】
1位　ピアノ 2位　水泳 3位　英語	1位　ピアノ 2位　英語 3位　水泳	1位　英語 2位　ピアノ 3位　水泳	1位　英語 2位　水泳 3位　ピアノ

No. 5

(2)　これから，**No. 1** から **No. 4** まで，四つの対話を放送します。それぞれの対話のあとで，その対話について一つずつ質問します。それぞれの質問に対して，最も適切な答えを，ア，イ，ウ，エの中から一つ選んで，その記号を書きなさい。

No. 1

ア　It's on the table.

イ　It's near the table.

ウ　It's on the bed.

エ　It's by the bed.

No. 2

ア　At ten twenty.

イ　At ten thirty.

ウ　At ten forty.

エ　At ten fifty.

No. 3

ア　She will make dinner.

イ　She will help John.

ウ　She will play tennis.

エ　She will not be at home.

No. 4

ア　Because he met Jack in Australia.

イ　Because he will meet Jack again.

ウ　Because he got a letter from Jenny.

エ　Because he will visit Australia.

	No. 1	No. 2	No. 3	No. 4
(2)				

(4)

(3) これから，メアリー(Mary)と弟のサム(Sam)との対話を放送します。そのあとで，その内容について，**Question No. 1** と **Question No. 2** の二つの質問をします。それぞれの質問に対して，最も適切な答えを，**ア，イ，ウ，エ**の中から一つ選んで，その記号を書きなさい。

No. 1

ア　A small bag.

イ　A tennis racket.

ウ　A small bag and a tennis racket.

エ　A bag for tennis rackets.

No. 2

ア　To the shop near the station.

イ　To their school.

ウ　To the shop near the post office.

エ　To the park to play tennis.

	No. 1	No. 2
(3)		

(4) サクラ(Sakura)のクラスの授業で，ブラウン先生(Ms. Brown)が生徒たちに話をしています。これからその内容を放送します。ブラウン先生が生徒たちに伝えた内容について正しいものはどれですか。下の**ア，イ，ウ，エ**の中から一つ選んで，その記号を①に書きなさい。

また，あなたがサクラの立場なら，ブラウン先生の質問に対して何と答えますか。英語１文で②に書きなさい。

① ブラウン先生が生徒たちに伝えた内容について正しいもの

ア Next Friday, the students of Sakura's school will visit America.

イ The students from America have never learned Japanese.

ウ Next Friday, the students from America will visit Sakura's school in the afternoon.

エ The students of Sakura's school will sing American songs in the music class.

② ブラウン先生の質問に対する答え

( )

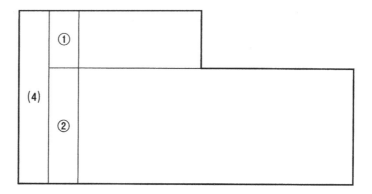

過去問題 A 　放送文

問題は(1)から(4)までの四つです。放送中メモを取ってもかまいません。

それでは(1)の問題から始めます。

(1) これから，No.1 から No.5 まで，五つの英文を放送します。放送される英文を聞いて，その内容に合うものを選ぶ問題です。それぞれの英文の内容に最もよく合うものを，**ア，イ，ウ，エ**の中から一つ選んで，その記号を書きなさい。
　　それぞれの英文は，2回放送します。

　　では，はじめます。

No.1
　I am taking a picture of flowers.
　繰り返します。

No.2
　My work is to take care of sick people.
　繰り返します。

No.3
　Look at the boy listening to music between Mary and Emi.　He is Bob.
　繰り返します。

No.4
　Learning to play the piano is more popular than learning to swim.　Learning English is the most popular of the three.
　繰り返します。

No.5
　I started studying at seven o'clock.　I studied English for fifty minutes, and after that I studied math for forty minutes.
　繰り返します。

これで(1)の問題を終わります。

次に，⑵の問題に移ります。

⑵　これから，No.1 から No.4 まで，四つの対話を放送します。それぞれの対話のあと
　　で，その対話について一つずつ質問します。それぞれの質問に対して，最も適切な答
　　えを，**ア，イ，ウ，エ**の中から一つ選んで，その記号を書きなさい。
　　　対話と質問は，2回放送します。

　　では，はじめます。

　　No.1
　　　A：Bill, do you know where my bag is?
　　　B：I saw a red one on the table, Mom.
　　　A：Well, I'm looking for a blue one.
　　　B：Oh, I saw it by the bed.

　　Question：Where is the bag Bill's mother is looking for?
　　繰り返します。（対話と質問を繰り返す。）

　　No.2
　　　A：Excuse me, what time is it?
　　　B：It's ten thirty.
　　　A：What time will the next bus come?
　　　B：Ten minutes from now.

　　Question：What time will the next bus come?
　　繰り返します。（対話と質問を繰り返す。）

　　No.3
　　　A：Hi, Chika.　Rina and I will play tennis after school.　Do you want to play
　　　　　with us?
　　　B：Sorry, John.　I can't.
　　　A：Are you busy?
　　　B：Yes.　My mother is not at home.　I have to cook dinner.

　　Question：What will Chika do after going home?
　　繰り返します。（対話と質問を繰り返す。）

　　No.4
　　　A：Hi, Takeshi.　What are you doing?
　　　B：Hi, Jenny.　I'm reading a letter from my friend, Jack.　I met him when I was
　　　　　in Australia.　I'm happy because he is coming to Japan to meet me.
　　　A：Can I meet him, too?
　　　B：Of course.

　　Question：Why does Takeshi feel happy?
　　繰り返します。（対話と質問を繰り返す。）

これで⑵の問題を終わります。

次に，(3)の問題に移ります。

(3) これから，メアリー（Mary）と弟のサム（Sam）との対話を放送します。そのあとで，その内容について，Question No.1 と Question No.2 の二つの質問をします。それぞれの質問に対して，最も適切な答えを，ア，イ，ウ，エの中から一つ選んで，その記号を書きなさい。
　　　対話と質問は，2回放送します。

　　では，はじめます。

　　Mary： Mom's birthday is coming soon.
　　 Sam： That's right!　What should we give her as a birthday present?
　　Mary： I was thinking about that.　Do you have any ideas, Sam?
　　 Sam： How about a bag?
　　Mary： Again?　We gave her a small bag last year.
　　 Sam： No, I mean a bag for carrying tennis rackets.　She started playing
　　　　　 tennis last month, right?
　　Mary： Oh, that's nice.　I think she'll like it.
　　 Sam： Shall we go to the shop near the post office next Saturday?
　　Mary： I don't think that's a good idea.　It takes thirty minutes by bus.　How
　　　　　 about the new shop near the station?　We can walk there.
　　 Sam： You are right!　Let's go there next Saturday!

Questions：

　No.1　What will Mary and Sam give their mother?

　No.2　Where will Mary and Sam go next Saturday?

　繰り返します。（対話と質問を繰り返す。）

これで(3)の問題を終わります。

次に，(4)の問題に移ります。

(4) サクラ（Sakura）のクラスの授業で，ブラウン先生（Ms. Brown）が生徒たちに話をしています。これからその内容を放送します。ブラウン先生が生徒たちに伝えた内容について正しいものはどれですか。下の**ア，イ，ウ，エ**の中から一つ選んで，その記号を①に書きなさい。

また，あなたがサクラの立場なら，ブラウン先生の質問に対して何と答えますか。英語1文で②に書きなさい。

　では，はじめます。

　Today I have something to tell you.　High school students from America will visit our school next Friday.　They have studied Japanese for one year at their school.

　In the morning of that day, they are going to visit famous places in our city.　In the afternoon, they will come to our school and join the music class.　They will sing Japanese songs for us.　Then, after school, we are going to talk about each other's schools.　For homework, please answer this question.　What do you like to do at our school?

　繰り返します。（英文を繰り返す。）

これで，放送による聞き取りテストを終わります。

(10)

過去問題 B

次の(1)〜(4)は，放送による問題です。それぞれの放送の指示にしたがって答えなさい。

(1) これから，**No. 1** から **No. 5** まで，五つの英文を放送します。放送される英文を聞いて，その内容に合うものを選ぶ問題です。それぞれの英文の内容に最もよく合うものを，**ア，イ，ウ，エ**の中から一つ選んで，その記号を書きなさい。

No. 1

No. 2

No. 3

	No. 1	No. 2	No. 3	No. 4	No. 5
(1)					

No. 4

No. 5

ア【10月 新潟にいた期間】	イ【10月 新潟にいた期間】	ウ【10月 新潟にいた期間】	エ【10月 新潟にいた期間】
日 月 火 水 木 金 土	日 月 火 水 木 金 土	日 月 火 水 木 金 土	日 月 火 水 木 金 土
1 2 3	1 2 3	1 2 3	1 2 3
4 5 6 7 8 9 10	4 5 6 7 8 9 10	4 5 6 7 8 9 10	4 5 6 7 8 9 10
11 12 13 14 15 16 17	11 12 13 14 15 16 17	11 12 13 14 15 16 17	11 12 13 14 15 16 17
18 19 20 21 22 23 24	18 19 20 21 22 23 24	18 19 20 21 22 23 24	18 19 20 21 22 23 24
25 26 27 28 29 30 31	25 26 27 28 29 30 31	25 26 27 28 29 30 31	25 26 27 28 29 30 31

(2)　これから，**No. 1** から **No. 4** まで，四つの対話を放送します。それぞれの対話のあとで，その対話について一つずつ質問します。それぞれの質問に対して，最も適切な答えを，**ア，イ，ウ，エ**の中から一つ選んで，その記号を書きなさい。

No. 1

ア　Becky is.

イ　Bob is.

ウ　Kate is.

エ　Becky and Bob are.

No. 2

ア　Because she wanted to go shopping.

イ　Because her family went shopping.

ウ　Because the weather was bad.

エ　Because she didn't want to go to the mountain.

No. 3

ア　She can't ask where her dictionary is.

イ　She can't tell where the table is.

ウ　She can't find Kevin.

エ　She can't find her dictionary.

No. 4

ア　He will play in the tennis tournament next weekend.

イ　He won all the games in the tennis tournament yesterday.

ウ　He played tennis with Maki in the tournament.

エ　He talked about tennis with Maki yesterday.

	No. 1	No. 2	No. 3	No. 4
(2)				

(3) これから，客室乗務員のジュディー(Judy)と乗客のリク(Riku)との飛行機内での対話を放送します。そのあとで，その内容について，**Question No. 1** と **Question No. 2** の二つの質問をします。それぞれの質問に対して，最も適切な答えを，ア，イ，ウ，エの中から一つ選んで，その記号を書きなさい。

No. 1

ア Because he wants to be a singer in the future.

イ Because he wants to know about high school life in America.

ウ Because he wants to sing both Japanese songs and English songs.

エ Because he wants to make a high school student happy.

No. 2

ア At four o'clock.

イ At four twenty.

ウ At four thirty-five.

エ At four fifty-five.

	No. 1	No. 2
(3)		

(4) ユイ(Yui)の中学校の授業で，ウッド先生(Ms. Wood)が生徒たちに話をしています。これからその内容を放送します。ウッド先生の話の内容について正しいものはどれですか。下のア，イ，ウ，エの中から一つ選んで，その記号を①に書きなさい。

また，あなたがユイの立場なら，ウッド先生の質問に対して何と答えますか。英語1文で②に書きなさい。

① ウッド先生の話の内容について正しいもの

ア The students from the elementary school will visit Yui's junior high school.

イ The students from Yui's junior high school will take the train to the elementary school.

ウ The students from Yui's junior high school will arrive at the elementary school before ten o'clock.

エ The students from the elementary school will play sports outside in the afternoon.

② ウッド先生の質問に対する答え
(   )

これで，放送による聞き取りテストを終わります。続いて，問題2に進みなさい。

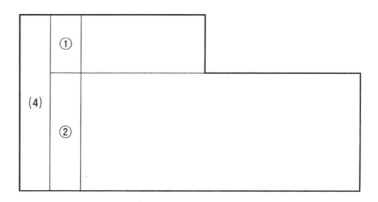

過去問題 B　放送文

問題は(1)から(4)までの四つです。放送中メモを取ってもかまいません。

それでは(1)の問題から始めます。
(1)　これから，No.1 から No.5 まで，五つの英文を放送します。放送される英文を聞いて，その内容に合うものを選ぶ問題です。それぞれの英文の内容に最もよく合うものを，ア，イ，ウ，エの中から一つ選んで，その記号を書きなさい。
　　それぞれの英文は，2回放送します。

　では，はじめます。

No.1
　My mother is riding a bike.
　繰り返します。

No.2
　We use this when we eat food.
　繰り返します。

No.3
　There is a dog under the desk and there are two bags on the chair.
　繰り返します。

No.4
　In my class, science is the most popular subject. Math is not as popular as music.
　繰り返します。

No.5
　Today is October twentieth.　Last Thursday, I went to Niigata with my family and we stayed there for four days.
　繰り返します。

これで(1)の問題を終わります。

次に，(2)の問題に移ります。

(2) これから，No.1 から No.4 まで，四つの対話を放送します。それぞれの対話のあと
で，その対話について一つずつ質問します。それぞれの質問に対して，最も適切な答
えを，ア，イ，ウ，エの中から一つ選んで，その記号を書きなさい。

対話と質問は，2回放送します。

では，はじめます。

No.1
 A: What are you reading, Becky?

 B: Hi, Bob. This is a book about Japanese history.

 A: I'm interested in it. Can I borrow the book after you finish?

 B: I borrowed this from Kate. So please ask her.

Question: Who is reading a book?

繰り返します。(対話と質問を繰り返す。)

No.2
 A: I went shopping with my family last weekend. How about you, Risa?

 B: I wanted to go to the mountain with my family, but we couldn't because it
  was raining.

 A: Uh...then, what did you do?

 B: We stayed home during the weekend.

Question: Why did Risa stay home?

繰り返します。(対話と質問を繰り返す。)

No.3
 A: Kevin, do you know where my dictionary is? I can't find it.

 B: Well...I think it's under the table, Amy.

 A: I have already checked there.

 B: Then you can ask Mom.

Question: What is Amy's problem?

繰り返します。(対話と質問を繰り返す。)

No.4
 A: Hi, Tom, you look so happy.

 B: Hi, Maki. I have great news. I got first prize in the tennis tournament
  yesterday.

 A: Really? I didn't know you were a good tennis player.

 B: I have played tennis for ten years. Shall we play tennis next weekend?

Question: What is Tom's good news?

繰り返します。(対話と質問を繰り返す。)

これで(2)の問題を終わります。

次に，（3）の問題に移ります。

（3）　これから，客室乗務員のジュディー（Judy）と乗客のリク（Riku）との飛行機内での対話を放送します。そのあとで，その内容について，Question No.1 と Question No.2 の二つの質問をします。それぞれの質問に対して，最も適切な答えを，ア，イ，ウ，エの中から一つ選んで，その記号を書きなさい。
　　対話と質問は，2回放送します。

　　では，はじめます。
Judy:　Can I help you?
Riku:　Yes.　I have a question.　Can we watch any movies on this plane?
Judy:　Yes.　Today we will show you two movies, a Japanese movie and an American movie.
Riku:　Thank you.　What is the story of the American movie about?
Judy:　It is about a high school student.　His dream is to be a famous singer.
Riku:　That's interesting. I would like to watch the American movie because I am interested in American high school life.　I can also practice listening to English.　What time will the movie start?
Judy:　It will start at two forty-five.　You have twenty minutes before it starts.
Riku:　How long is the movie?
Judy:　It is one hour and fifteen minutes long.
Riku:　OK. Thank you.

Questions:

No.1　Why does Riku want to watch the American movie?

No.2　What time will the American movie finish?

繰り返します。（対話と質問を繰り返す。）

これで(3)の問題を終わります。

次に，(4)の問題に移ります。

(4) ユイ（Yui）の中学校の授業で，ウッド先生（Ms.Wood）が生徒たちに話をしています。これからその内容を放送します。ウッド先生の話の内容について正しいものはどれですか。下の**ア，イ，ウ，エ**の中から一つ選んで，その記号を①に書きなさい。
　　また，あなたがユイの立場なら，ウッド先生の質問に対して何と答えますか。
　　英語１文で②に書きなさい。
　　英文は，２回放送します。

では，はじめます。

　　Next Monday, we are going to visit an elementary school as volunteers. You have to come to Wakaba Station at nine thirty, and then we will walk to the school. It takes fifteen minutes to get there. At the school, we will first say hello and tell our names to the students. Then, we will play sports outside with them. After lunch, we will do something for them in the classroom, but we haven't decided what to do yet. What would you like to do for the elementary school students in the classroom?

　　繰り返します。（英文を繰り返す。）

これで，放送による聞き取りテストを終わります。

実践問題A

放送による検査

（1）

ア
1	2	3	4

イ
1	2	3	4

ウ　1　I don't think so.　　　　2　Shall I carry your bags ?
　　3　Thank you for listening.　4　Could you say that again ?

（2）

ア　1　Five years old.　　　　2　Six years old.
　　3　Fifteen years old.　　　4　Sixteen years old.

イ　1　Because he can go to many places by bike.
　　2　Because walking is good for his health.
　　3　Because he wants to buy a new bike.
　　4　Because his brother walks to school.

ウ　1　His bike.　　　　　　　2　His brother's bike.
　　3　His mother's bike.　　　4　His father's bike.

（3）

ア　1　At a movie theater.　　2　At a post office.
　　3　At a stadium.　　　　　4　At a library.

イ　1　May 11.　　　　　　　2　May 12.
　　3　June 11.　　　　　　　4　June 12.

（4）　（　　　　　　　　　　　　　　　　　　　　　　）.

(1)	ア		イ		ウ
(2)	ア		イ		ウ
(3)	ア		イ		
(4)	(				).

実践問題 A　[放送文]

（1）は，英文と質問を聞いて，適切なものを選ぶ問題です。問題は，**ア，イ，ウ**の三つあります。質問の答えとして最も適切なものを，**1，2，3，4**の中からそれぞれ一つ選んで，その番号を解答用紙に書きなさい。英文と質問は二回読みます。（間2秒）それでは始めます。（間3秒）

アの問題（間2秒）
Ken is watching a soccer game on TV. Which picture shows this?（間2秒）
もう一度読みます。（間2秒）（英文と質問を読む）（間2秒）答えを書きなさい。（間3秒）

イの問題（間2秒）
Miku found a book under the desk in the music room. Which picture shows this?（間2秒）
もう一度読みます。（間2秒）（英文と質問を読む）（間2秒）答えを書きなさい。（間3秒）

ウの問題（間2秒）
Your teacher is carrying many bags and looks busy. What will you say to the teacher?（間2秒）
もう一度読みます。（間2秒）（英文と質問を読む）（間2秒）答えを書きなさい。（間3秒）

これで（1）を終わります。（間3秒）では，（2）に移ります。（間3秒）

（2）は，ジョンの自転車に関するスピーチを聞いて，質問に答える問題です。問題は，**ア，イ，ウ**の三つあります。はじめに，英文を二回読みます。次に，質問を二回読みます。質問の答えとして最も適切なものを，**1，2，3，4**の中からそれぞれ一つ選んで，その番号を解答用紙に書きなさい。（間2秒）それでは始めます。（間3秒）

When I was six years old, I could ride a bike for the first time. It is useful to me because I can go to many places by bike. My mother also likes riding a bike because it is good for her health. Now, my bike is too small. When I want to ride a bike, I usually use my father's one. So, I want a new bike.（間2秒）

もう一度読みます。（間2秒）（英文を読む）（間2秒）では，質問します。（間3秒）

アの問題（間2秒）How old was John when he could ride a bike for the first time?（間2秒）
もう一度読みます。（間2秒）（質問を読む）（間2秒）答えを書きなさい。（間3秒）

イの問題（間2秒）Why is a bike useful to John?（間2秒）
もう一度読みます。（間2秒）（質問を読む）（間2秒）答えを書きなさい。（間3秒）

ウの問題（間2秒）Whose bike does John usually ride？（間2秒）
もう一度読みます。（間2秒）（質問を読む）（間2秒）答えを書きなさい。（間3秒）

これで（2）を終わります。（間3秒）では，（3）に移ります。（間3秒）

（3）は，ピーターとサトコの対話の一部を聞いて，質問に答える問題です。問題は，ア，イの二つあります。はじめに，対話を読みます。次に，質問を読みます。質問の答えとして最も適切なものを，1，2，3，4の中からそれぞれ一つ選んで，その番号を解答用紙に書きなさい。対話と質問は二回読みます。（間2秒）それでは始めます。（間3秒）

アの問題（間2秒）
Peter　　：　I want to borrow books here. How many books can I borrow？（間1秒）
Satoko　：　Well, you can borrow five books.（間2秒）

Question：　Where are they talking now？（間2秒）
もう一度読みます。（間2秒）（対話と質問を読む）（間2秒）答えを書きなさい。（間3秒）

イの問題（間2秒）
Peter　　：　When is your birthday？（間1秒）
Satoko　：　May eleventh. How about you, Peter？（間1秒）
Peter　　：　My birthday is the same day, but the next month.（間2秒）

Question：　When is Peter's birthday？（間2秒）
もう一度読みます。（間2秒）（対話と質問を読む）（間2秒）答えを書きなさい。（間3秒）

これで（3）を終わります。（間3秒）では，（4）に移ります。（間3秒）

（4）は，外国語指導助手のアレン先生の話を聞いて，質問に答える問題です。話の最後の質問に対して，あなたなら何と答えますか。あなたの答えを解答用紙に英文で書きなさい。アレン先生の話は二回読みます。（間2秒）それでは始めます。（間3秒）

I like talking with my family. When I was young, I often talked about my future with them. What do you talk about with your family？（間2秒）

もう一度読みます。（間2秒）（英文と質問を読む）（間2秒）答えを書きなさい。（間15秒）

これで，放送による検査を終わります。

実践問題 B

放送を聞いて答えなさい。

《その1》 話される英語を聞いて，それぞれの後の質問に対する答えとして最も適当なものを，アから
エまでの中からそれぞれ1つ選びなさい。

1

| ア | イ | ウ | エ |

2

3

| ア | イ | ウ | エ |

4

| ア | イ | ウ | エ |

《その2》 カナダに留学している健（Ken）さんの留守番電話に，ジョン（John）さんからメッセージが
入っていました。ジョンさんが健さんに伝えたいことは何ですか。最も適当なものを，アから
エまでの中から1つ選びなさい。

ア To practice baseball.
イ To join the game.
ウ To teach baseball.
エ To buy a ticket for the game.

	1		2	
《その1》	3		4	
《その2》				

《その3》　高校に入学した香菜（Kana）さんは，アメリカ合衆国からの留学生であるトム(Tom)さんとどの部活動に入るかを話しています。放送を聞いて，会話の後の1から3までの質問に対する最も適当な答えを，アからエまでの中からそれぞれ1つ選びなさい。

また，あなたも二人と一緒に話しているとして，あなたなら最後の香菜さんの質問にどのように答えますか。香菜さんとトムさんのやり取りの内容をふまえて，4の解答欄に5語以上の英語で書きなさい。

Kana　　　　You　　　　Tom

1　ア　Yes, he is.
　　イ　No, he isn't.
　　ウ　Yes, he does.
　　エ　No, he doesn't.

2　ア　One.
　　イ　Two.
　　ウ　Three.
　　エ　Four.

3　ア　She will make a lot of friends.
　　イ　She will watch more club activities.
　　ウ　She will sing songs with Tom.
　　エ　She will practice hard to sing better.

4　あなたも二人と一緒に話しているとして，あなたなら最後の香菜さんの質問にどのように答えますか。香菜さんとトムさんのやり取りの内容をふまえて，5語以上の英語で書きなさい。

実践問題B　放送文

問題は《その1》から《その3》まであります。聞いている間にメモをとってもかまいません。

まず，《その1》から始めます。これから話される英語を聞いて，それぞれの後の質問に対する答えとして最も適当なものを，問題用紙に示されたアからエまでの中からそれぞれ1つ選びなさい。英語は，それぞれ2回放送します。

それでは，始めます。

No.1　A: Kenta, how can I use this?
　　　B: We put it by a window in summer time. We enjoy its sound.
　　　A: That's nice.
　　　Question : What did Kenta explain?
　　　繰り返します。
　　　〔英文をもう一度読む。〕

No.2　A: Bob, I found your watch under your bed.
　　　B: Thank you, Mom. Where is it now?
　　　A: It's on the desk in your room.
　　　Question: Where is Bob's watch?
　　　繰り返します。
　　　〔英文をもう一度読む。〕

No.3　A: Ms. Smith, I'm sorry I'm late.
　　　B: What happened, David?
　　　A: I usually take the bus at 7:50, but it was late today.
　　　B: How long did you wait at the bus stop?
　　　A: I had to wait for 10 minutes.
　　　Question: What time did the bus come this morning?
　　　繰り返します。
　　　〔英文をもう一度読む。〕

No.4　A: Excuse me. I want to buy a present for my sister.
　　　B: How about these T-shirts? The black one is 22 dollars and the white one is 18 dollars.
　　　A: I only have 20 dollars. My sister will like the one with flowers.   I will take that one.
　　　Question: Which T-shirt will the girl buy for her sister?
　　　繰り返します。
　　　〔英文をもう一度読む。〕

次に，《その２》に入ります。カナダに留学している健（Ken）さんの留守番電話に，ジョン（John）さんからメッセージが入っていました。ジョンさんが健さんに伝えたいことは何ですか。最も適当なものを，問題用紙に示されたアからエまでの中から１つ選びなさい。英語は，２回放送します。それでは，始めます。

Hello, Ken.　This is John.　We need your help.　We are going to have a baseball game this Sunday, but one of our players cannot come to the game.　We are looking for a person to play with us.　I heard you like baseball.　If you can come to the game, please call me.
　　　繰り返します。
　　〔英文をもう一度読む。〕

次に，《その３》に入ります。高校に入学した香菜（Kana）さんは，アメリカ合衆国からの留学生であるトム（Tom）さんとどの部活動に入るかを話しています。放送を聞いて，会話の後の１から３までの質問に対する最も適当な答えを，問題用紙に示されたアからエまでの中からそれぞれ１つ選びなさい。また，あなたも二人と一緒に話しているとして，あなたなら最後の香菜さんの質問にどのように答えますか。香菜さんとトムさんのやり取りの内容をふまえて，４の解答欄に５語以上の英語で書きなさい。会話と質問は通して２回放送します。それでは，始めます。

A:　Tom, are you interested in a club?
B:　I watched two club activities yesterday, but I haven't decided yet.
A:　How were they?
B:　The volleyball team looked hard for me, and the tennis team looked fun.
A:　Then, you are interested in the tennis team, right?
B:　Yes, but I'm worried because I've never played tennis.
A:　You should try a new thing.　It's good to start something new in high school.
B:　That's right.
A:　Were you a member of a club in America?
B:　In America, we often play a different sport in each season.　I played soccer in fall, basketball in winter, and baseball in spring.
A:　Really?　I am surprised to hear that.
B:　Well, which club activities are you interested in, Kana?
A:　I am interested in the chorus.　I like singing with other people.　I will practice hard to improve my performance in the chorus.
B:　Great.　I'd like to watch more club activities before I choose one.
A:　How about you?　Which club do you want to join?

Question 1:　Is Tom on the tennis team?
Question 2:　How many sports did Tom play in America?
Question 3:　What will Kana do in the chorus in high school?
　　　繰り返します。
　　〔英文をもう一度読む。〕

以上で，聞き取りテストの放送を終わります。

実践問題 C

放送を聞いて，問題1，問題2，問題3，問題4に答えよ。

問題1　英語の短い質問や呼びかけを聞き，その後に読まれるア，イ，ウ，エの英語の中から，答えとして最も適当なものを一つずつ選ぶ問題

※記号で答えよ。問題は3問ある。

問題2　表を見て，質問に答える問題

※答えとして最も適当なものを表の中から抜き出して答えよ。

(1)

Train	Green Station		Spring Station	
A	9:10	⇒	9:35	2 dollars
B	9:20	⇒	10:05	2 dollars
C	9:25	⇒	9:50	2 dollars
D	9:40	⇒	9:55	3 dollars

(2)

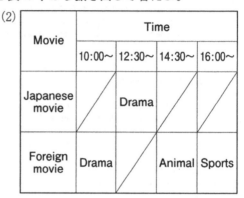

Movie	Time			
	10:00～	12:30～	14:30～	16:00～
Japanese movie		Drama		
Foreign movie	Drama		Animal	Sports

問題3　美佳 (Mika) と留学生のケビン (Kevin) の対話を聞いて，質問に答える問題

※答えとして最も適当なものをア，イ，ウ，エの中から一つずつ選び，記号で答えよ。

(1)　ア　Yes, he does.
　　　イ　No, he doesn't.
　　　ウ　Yes, he is.
　　　エ　No, he isn't.

(2)　ア　She asked Kevin many questions about writing English.
　　　イ　She got many letters in English from her teacher in Australia.
　　　ウ　She wrote many letters in English to her friends in America.
　　　エ　She showed her friends a lot of books in English about America.

(3)　ア　Practicing swimming with her is important for him.
　　　イ　Writing letters in English is important for him.
　　　ウ　Using Japanese in communication is important for him.
　　　エ　Speaking about his new school is important for him.

問題1	(1)		(2)		(3)	
問題2	(1)			(2)		
問題3	(1)		(2)		(3)	

問題4 英文を聞いて，質問に答える問題

〈問1〉 和也 (Kazuya) が，国際交流センターでのイベント〔Culture Day〕で，チラシを見ながら説明を受ける。それを聞いて，(1)〜(3)の質問に答えよ。

　　※(1)はア，イ，ウ，エの中から一つ選び**記号**で，(2)は（　）内にそれぞれ**1語の英語**で，(3)は**4語以上の英語**で答えよ。

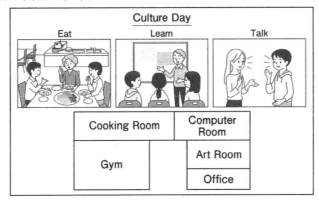

(1) Which country's food can Kazuya eat in the Cooking Room?

　ア　Food from France.
　イ　Food from Canada.
　ウ　Food from China.
　エ　Food from India.

(2) What can Kazuya see from one o'clock in the Art Room?

　　He can see many（　　　　　　）（　　　　　　　　）of the festivals.

(3) Kazuya is going to meet the students from Canada in the Gym. What does he need to do at the Office before that?

〈問2〉 英語の指示にしたがって答えよ。　※**4語以上の英語**で文を書け。

問題4	問1	(1)	
		(2)	He can see many（　　　　　　　）（　　　　　　　　）of the festivals.
		(3)	
	問2		

問題は，問題1から問題4まであります。なお，放送中にメモをとってもかまいません。
英語はそれぞれ2回繰り返します。

（2連続音チャイム ○-○）
それではテストを始めます。問題1を見なさい。これから，英語で短い質問や呼びかけをします。その後に続けて読まれるア，イ，ウ，エの英語の中から，答えとして最も適当なものを一つずつ選び，記号で答えなさい。問題は3問あります。それでは始めます。

(1) Bob, I'm free tomorrow. Let's go shopping.
　　ア　Yes, I am.　　　　　イ　No, you don't.　　　ウ　That's a good idea.　　エ　Nice to meet you.
　　　　　　（繰り返し）
(2) Mike, how long did you study last night?
　　ア　Every night.　　　　イ　For two hours.　　　ウ　At ten thirty.　　　エ　On Monday.
　　　　　　（繰り返し）
(3) Excuse me, I'm looking for the bookstore. Do you know where it is?
　　ア　Yes, it is.　　　　　イ　No, it isn't.　　　　ウ　On the desk.　　　エ　In front of the hospital.
　　　　　　（繰り返し）

（2連続音チャイム ○-○）
問題2を見なさい。これから，表について英語で質問します。その答えとして最も適当なものを，表の中から抜き出して答えなさい。それでは始めます。

(1) Tom is at Green Station and wants to go to Spring Station by train. It's 9:15 now. He needs to get to Spring Station by 10:00. He can use only 2 dollars to get there. Which train will he use?
　　　　　　（繰り返し）
(2) Ken is going to see a movie this afternoon. He likes drama and sports movies better than animal movies. He wants to see a foreign movie. What time does the movie he wants to see start?
　　　　　　（繰り返し）

（2連続音チャイム ○-○）
問題3を見なさい。これから，中学生の美佳と留学生のケビンが対話をします。その対話の後で，「クエスチョン（Question）」と言って英語で質問します。その答えとして最も適当なものをア，イ，ウ，エの中から一つずつ選び，記号で答えなさい。それでは始めます。

Kevin:	Hi, Mika. Do you have some time?
Mika:	Yes, what's up, Kevin?
Kevin:	I can speak Japanese, but it is very difficult for me to write it. How can I practice writing Japanese?
Mika:	Well, when I was studying English, I found a good way to practice writing.
Kevin:	Really? What was it?
Mika:	I wrote many letters in English to my friends in America. I enjoyed it very much and now writing English is not so difficult.
Kevin:	Oh, I can write letters too. I will write one in Japanese to the teacher who taught me in Australia. I will tell her that I am enjoying my new school in Japan.
Mika:	Good! It's important for you to write Japanese for communication. People often say, "*If you want to swim well, practice swimming in the water.*"
Kevin:	Now I know. I will use Japanese with other people more.

　　Question 1　Does Kevin think it is difficult to write Japanese?
　　Question 2　How did Mika practice writing English?
　　Question 3　Mika said, "*If you want to swim well, practice swimming in the water.*" What did she want to tell Kevin with these words?

「2回目」――――（繰り返し）

（2連続音チャイム ○-○）
問題4を見なさい。
〈問1〉これから，和也が国際交流センターでのイベント〔カルチャー・デイ〕で，チラシを見ながら説明を受けます。それを聞いて，(1)から(3)の質問に答えなさい。(1)はア，イ，ウ，エの中から一つ選び記号で，(2)はカッコ内にそれぞれ1語の英語で，(3)は4語以上の英語で答えなさい。なお，説明の後には，記入の時間が約40秒ずつあります。それでは始めます。

　　Welcome to Culture Day. My name is Eddy and I'm from Canada. Today you can enjoy a lot of things with people from four different countries, Canada, China, France, and India. There are three things you can do, eating, learning, and talking with new friends.
　　First, in the Cooking Room, you can eat food from India. Please find a food you like.
　　Second, from one o'clock in the Art Room, people from China, France, and India will show you a lot of interesting pictures of festivals in their countries. You can enjoy learning about these festivals.
　　Third, at two o'clock, you can meet and talk with students from Canada in the Gym. They are going to talk about their school in Canada. If you have any questions, you can ask them there. Before you meet them in the Gym, you need to go to the Office and make a name card.
　　Have a good time at Culture Day.
　　「答えを記入しなさい。」

「2回目」――――（繰り返し）
〈問2〉これから英語で質問と指示をします。その指示にしたがって4語以上の英語で文を書きなさい。なお，質問と指示を2回繰り返した後，記入の時間が約40秒あります。それでは始めます。

　　What do you want to ask about a student's life in Canada? Write one question to ask the students from Canada.

「2回目」――――（繰り返し）
「答えを記入しなさい。」

解答例

(1)No. 1．イ　No. 2．イ　No. 3．ア　No. 4．ウ
　　No. 5．エ
(2)No. 1．エ　No. 2．ウ　No. 3．ア　No. 4．イ
(3)No. 1．エ　No. 2．ア
(4)①ウ
　　②(例文)I like to play soccer at our school.

解 説

(1)No. 1 「花の写真を撮っています」　・take a picture
「写真を撮る」

No. 2 「私の仕事は病気の人々の世話をすることです」　・take care of ~「~の世話をする」

No. 3 「メアリーとエミの間で音楽を聴いている少年を見てください。彼がボブです」

No. 4 「水泳より，ピアノを習う方が人気です。その3つの中で英語を習うのが1番人気です」…英語，ピアノ，水泳の順に人気だから，ウが適切。

No. 5 「私は7時に勉強し始めました。英語を50分間勉強し，その後数学を40分間勉強しました」

(2)No. 1 質問「ビルの母親が探しているかばんはどこにありますか？」…B（ビル）の2回目の発言，Oh, I saw it by the bed. 「ベッドのそばで見かけたよ」より，エが適切。

No. 2 質問「次のバスはいつ来ますか？」…Bの1回目の発言 It's ten thirty.「(今の時刻は)10時30分です」とBの2回目の発言 Ten minutes from now.「今から10分で」より，バスは10時40分に来るから，ウが適切。

No. 3 質問「チカは帰宅後，何をしますか？」…B（チカ）の2回目の発言，I have to cook dinner.「夕食を作らなければならないの」より，ア「彼女は夕食を作ります」が適切。　・have to ~「~しなければならない」

No. 4 質問「なぜタケシは嬉しいのですか？」…B（タケシ）の1回目の発言，I'm happy because he is coming to Japan to meet me.「彼が僕に会うために日本に来るから嬉しいよ」より，イ「ジャックと再会するからです」が適切。

(3) 【日本語訳】参照。

No. 1 質問「メアリーとサムは母親に何をあげますか？」

No. 2 質問「メアリーとサムは次の土曜日にどこに行きますか？」

(4) 【日本語訳】参照。

① ウ「次の金曜日の午後，アメリカの学生たちがサクラの学校を訪れます」が適切。　② 質問は「あなたはこの学校で何をするのが好きですか？」である。「~することが好き」は I like ~ing や I like to ~で表す。

【日本語訳】

(3) メアリー：お母さんの誕生日がもうすぐね。

サム　　：そうだ！誕生日プレゼントは何をあげればいいかな？

メアリー：それを考えていたのよ。サム，何か考えがある？

サム　　：バッグはどうかな？

メアリー：また？去年小さなバッグをあげたじゃない。

サム　　：ちがうよ。No.1ェテニスラケットを運ぶためのバッグだよ。先月テニスを始めただろ？

メアリー：ああ，いいわね。気に入ってくれると思うわ。

サム　　：今度の土曜日，郵便局の近くにあるお店に行かない？

メアリー：どうかな。バスで30分かかるわよ。No.2ア駅の近くにできた新しいお店はどう？歩いて行けるわよ。

サム　　：そうだね！次の土曜日そこに行こう！

(4) 今日はお話があります。①ゥ次の金曜日，アメリカの高校生が私たちの学校を訪れます。彼らは自分たちの学校で日本語を1年間勉強しています。

その日の午前中，彼らはこの町の有名な場所を訪れます。①ゥ午後この学校に来て，音楽の授業に参加します。私たちに，日本語の歌を歌ってくれます。その後，放課後，私たちはお互いの学校について話し合います。宿題についてですが，次の質問に答えてください。あなたはこの学校で何をするのが好きですか？

解答例

(1)No. 1 . ア No. 2 . イ No. 3 . ウ No. 4 . エ
　　No. 5 . エ

(2)No. 1 . ア No. 2 . ウ No. 3 . エ No. 4 . イ

(3)No. 1 . イ No. 2 . ア

(4)①ウ

　　②（例文）I would like to read books for them.

解説

(1)No. 1 「母は自転車に乗っています」→ア　・ride a bike「自転車に乗る」　　No. 2 「私たちは食べ物を食べるとき，これを使います」→イ　この when は接続詞。　　No. 3 「机の下に犬が 1 匹いて，椅子の上にカバンが 2 つあります」→ウ　・under ~「~の下に」　・on ~「~の上に」　　No. 4 「私のクラスでは，理科が最も人気のある科目です。数学は音楽ほど人気がありません」→エ　・the most ~「最も~」（最上級を表す）　・not as … as ~「~ほど…ではない」　　No. 5 「今日は 10 月 20 日です。先週の木曜日，私は家族と新潟へ行き，そこに 4 日間滞在しました」→エ　新潟に滞在していたのは 15 日（木）から 18 日（日）の間。

(2)No. 1 質問「本を読んでいるのは誰ですか？」…A の 1 回目の発言 What are you reading, Becky?「何を読んでいるの，ベッキー？」より，ア「ベッキーです」が適切。
No. 2 質問「リサはなぜ家にいたのですか？」…B の 1 回目の発言 I wanted to go to the mountain with my family, but we couldn't because it was raining.「家族と山に行きたかったけれど，雨が降っていたので行けなかった」より，ウ「天気が悪かったから」が適切。
No. 3 質問「エイミーの問題は何ですか？」…A （エイミー）の 1 回目の発言，「私の辞書がどこにあるか，知らない？見つからないの」と B（ケビン）の 2 回目の発言「じゃあ，お母さんに聞いてみれば」より，エ「彼女は辞書を見つけられない」が適切。
No. 4 質問「トムの良いニュースとは何ですか？」…B （トム）の 1 回目の発言，I got first prize in the tennis tournament yesterday.「昨日，テニスのトーナメントで優勝した」より，イ「彼は昨日テニスのトーナメントで，全ての試合に勝った」が適切。

(3)【放送文の要約】参照。
　No. 1 質問「リクはなぜアメリカ映画を見たいのですか？」…リクの 3 回目の発言より，イが適切。
　No. 2 質問「そのアメリカ映画は何時に終わりますか？」…映画は 2 時 45 分に始まり，1 時間 15 分かかる。したがって，ア「4 時」が適切。

(4)【放送文の要約】参照。
　① 9 時 30 分までにワカバ駅に集合すること，小学校まで徒歩で 15 分であることから，ウ「ユイの中学校の生徒たちは，10 時前に小学校に到着します」が適切。
　② 質問は「教室で小学生のために何をしたいか？」である。質問が What would you like to do ~?だから，I would like to ~.で答えよう。例文は I would like to read books for them.「彼らのために本を読みたい」。

【放送文の要約】

(3) ジュディー　：何かご用でしょうか？
　リク　　　　：はい。質問があるのですが。この飛行機で，何か映画を見ることができますか？
　ジュディー　：はい。本日は，映画が 2 つ，日本映画とアメリカ映画がご覧になれます。
　リク　　　　：ありがとう。アメリカ映画のストーリーは何に関するものですか？
　ジュディー　：それは 1 人の高校生に関するものです。彼の夢は有名な歌手になることです。
　リク　　　　：おもしろそうですね。No. 1イ僕はアメリカの高校生活に興味があるので，アメリカ映画が見たいです。英語のリスニング練習にもなります。その映画は何時に始まりますか？
　ジュディー　：No. 2ア2 時 45 分に始まります。始まるまで 20 分あります。
　リク　　　　：その映画はどのくらいの時間ですか？
　ジュディー　：No. 2ア1 時間 15 分です。
　リク　　　　：わかりました。ありがとう。

(4) ①ウ次の月曜日，ボランティアで小学校を訪れます。①ウみなさんは，9 時 30 分にワカバ駅に来なくてはなりません。そして学校まで歩いて行きます。到着まで 15 分かかります。学校では，まず小学生に挨拶をして，それから名前を言います。それから彼らと外でスポーツをします。昼食の後，教室で彼らのために何かをしますが，まだ何をするか，決まっていません。教室で小学生のために何をしたいですか？

実践問題Ａ

解答例

(1)ア．1　イ．3　ウ．2

(2)ア．2　イ．1　ウ．4

(3)ア．4　イ．3

(4)（例文）I talk about my friends

解説

(1)ア 「ケンはテレビでサッカーの試合を見ています。これを表しているのはどの絵ですか？」…1が適切。

イ 「ミクは音楽室にある机の下で本を見つけました。これを表しているのはどの絵ですか？」…3が適切。

ウ 「担任の先生がたくさんのカバンを運んでいて，忙しそうです。あなたは先生に何と言いますか？」…2「カバンを持ちましょうか？」が適切。

・Shall I ~?「〜しましょうか？」…相手に手伝いなどを申し出るときの表現。

(2) 【放送文の要約】参照。

ア 質問「ジョンが初めて自転車に乗れた時，彼は何歳でしたか？」

イ 質問「なぜジョンにとって自転車は便利ですか？」

ウ 質問「ジョンはいつも誰の自転車に乗っていますか？」

【放送文の要約】

ァ2僕は6歳の時，初めて自転車に乗れました。ィ1自転車は多くの場所に行けるので便利です。母も健康に良いので自転車に乗るのが好きです。今，僕の自転車は小さすぎます。ゥ4僕は自転車に乗りたいとき，いつも父の自転車を使います。それで新しい自転車がほしいです。

(3)ア 質問「彼らは今，どこで話していますか？」…ピーター「僕はここで本を借りたい。何冊借りることができるの？」→サトコ「5冊借りることができるわよ」より，4「図書館で」が適切。

イ 質問「ピーターの誕生日はいつですか？」…ピーター「君の誕生日はいつなの？」→サトコ「5月11日よ。あなたは，ピーター？」→ピーター「僕の誕生日は日が同じだけど来月なんだ」より，3「6月11日」が適切。

実践問題B

《その1》1．ウ　2．イ　3．エ　4．ア

《その2》イ

《その3》1．イ　2．ウ　3．エ

　　　　4．I want to join the basketball team.

《その1》1　質問「ケンタは何を説明しましたか？」…A「ケンタ，どうやってこれを使うの？」→B「夏に窓のそばに設置するよ。僕らはその音を楽しむんだ」→A「いいね」より，ウが適当。　2　質問「ボブの時計はどこにありますか？」…A「ボブ，あなたのベッドの下で時計を見つけたよ」→B「ありがとう，お母さん。今，どこにあるの？」→A「あなたの部屋の机の上にあるよ」より，イが適当。　3　質問「今朝バスは何時に来ましたか？」…A「スミス先生，遅くなってすみません」→B「何があったの，デイビッド？」→A「僕はいつも7時50分のバスに乗りますが，今日はバスが遅れていました」→B「バス停でどれくらい待ったの？」→A「10分ほど待たなければなりませんでした」より，エが適当。　4　質問「その女の子は妹にどのTシャツを買いますか？」…A「すみません，私は妹へのプレゼントを買いたいです」→B「このTシャツはいかがですか？黒は22ドル，白は18ドルです」→A「20ドルしか持っていません。妹は花のプリントを気に入ると思います。それにします」より，アが適当。

《その2》【放送文の要約】参照。イ「試合に参加すること」が適当。

【放送文の要約】

やあ健，ジョンだよ。君の助けが必要なんだ。今週の日曜日に野球の試合があるんだけど，1人の選手が試合に来れないんだ。<u>一緒にプレーできる人を探しているよ。</u>君は野球が好きだと聞いたよ。もし試合に来れるなら，僕に電話してよ。

《その3》【放送文の要約】参照。1　質問1「トムはテニス部に所属していますか？」…イ「いいえ，彼は所属していません」が適当。　2　質問2「トムはアメリカでいくつのスポーツをしていましたか？」…ウ「3つ」が適切。　3　質問3「カナは高校のコーラス部で何をしますか？」…エ「より上手に歌うために一生懸命練習する」が適切。

4　Which club do you want to join?に5語以上の英語で答える。　（例文）「私はバスケットボール部に入りたいです」

【放送文の要約】

A：トム，部活に興味はある？

B：<u>1ィ昨日は2つの部活動を見たけど，まだ決めてないよ。</u>

A：どうだった？

B：バレーボール部は大変そうで，テニス部は楽しそうだったよ。

A：じゃあ，テニス部に興味があるんだね？

B：うん，でもテニスをしたことがないから心配だよ。

A：新しいことに挑戦するべきだよ。高校で新しいことを始めるのはいいことだよ。

B：そうだね。

A：君はアメリカで部活をやっていたの？

B：アメリカでは，シーズンごとに違うスポーツをすることが多いよ。<u>2ウ秋はサッカー，冬はバスケットボール，春は野球をしたよ。</u>

A：本当に？それを聞いて驚いたよ。

B：じゃあ，香菜はどんな部活に興味があるの？

A：合唱部に興味があるよ。私は他の人と歌うのが好きなの。<u>3ェ歌唱力を上げるために，一生懸命練習したいよ。</u>

B：いいね。部活を選ぶ前にもっとたくさん見たいな。

A：あなたはどう？<u>4あなたはどのクラブに入りたい？</u>

実践問題C

解答例

問題1 (1)ウ　　(2)イ　　(3)エ

問題2 (1)(Train) C　　(2)16：00

問題3 (1)ア　　(2)ウ　　(3)ウ

問題4 問1．(1)エ　(2)interesting／pictures
(3)He needs to make a name card.
問2．（例文）What time does school start in Canada?

解説

問題1

(1) 「ボブ，明日は暇だわ。買い物に行きましょう」…ウ「それは良い考えだね」が適当。　　(2) 「マイク，昨夜どのくらい勉強した？」…イ「2時間だよ」が適当。
(3) 「すみません，書店を探しています。どこにあるかわかりますか？」…エ「病院の前です」が適当。

問題2

(1)「トムはグリーン駅にいて，電車でスプリング駅に行きたいと思っています。今，9時15分です。彼は10時までにスプリング駅に着く必要があります。彼はそこに到達するのにたった2ドルしか使えません。彼はどの電車を使いますか？」…グリーン駅発が9時15分よりも後，スプリング駅着が10時より前，値段が2ドルのCが適当。　　(2) 「ケンは今日の午後に映画を見に行く予定です。彼は動物映画よりもドラマやスポーツ映画が好きです。彼は外国映画を見たいと思っています。彼が見たい映画は何時に始まりますか？」…午後の映画では，外国のスポーツ映画が16：00に始まる。

問題3 【日本語訳】参照。

(1) 「ケビンは日本語を書くのが難しいと思っていますか？」　　(2) 「美佳はどのように英語を書く練習をしましたか？」　　(3) 「美佳は『上手に泳ぎたいなら水の中で泳ぐ練習をしなさい』と言いました。彼女はこれらの言葉でケビンに何を伝えたかったのですか？」

【日本語訳】

ケビン：やあ，美佳。時間はある？

美佳　：ええ，どうしたの，ケビン？

ケビン：(1)ア日本語を話せるんだけど，書くのはとても難しいよ。どのように日本語を書く練習をしたらいいかな？

美佳　：私が英語を勉強していたとき書く練習になる良い方法を見つけたわ。

ケビン：本当に？それはどんな方法？

美佳　：(2)ウアメリカの友達に英語で手紙をたくさん書いたわ。とても楽しかったし，今では英語を書くのがそれほど難しくなくなったの。

ケビン：ああ，僕も手紙なら書けるよ。オーストラリアで担当してくれた先生に日本語で書くよ。彼女に日本で新しい学校生活を楽しんでいるって伝えるよ。

美佳　：いいわね！(3)ウコミュニケーションのために日本語を書くことが重要だわ。「上手に泳ぎたいなら，水の中で泳ぐ練習をしなさい」ってよく言うものね。

ケビン：わかったよ。他の人との間でもっと日本語を使うよ。

問題4 【日本語訳】参照。

問1(1) 「和也はクッキングルームでどの国の食べ物を食べることができますか？」　　(2) 「和也はアートルームで1時から何を見ることができますか？」…「彼はお祭りの興味深い写真（＝interesting pictures）をたくさん見ることができる」が適当。　　(3) 「和也は体育館でカナダから来た生徒たちと対面するつもりです。その前に事務所で何をする必要がありますか？」…「名前カードを作る必要がある（＝He needs to make a name card.）」が適当。

問2 「カナダでの学生生活について，あなたは何を尋ねたいですか？カナダから来た生徒に尋ねる質問を書きなさい」…無理に難しい単語を使う必要はないので，書ける単語を使って文を作ろう。4語以上の条件を守ること。（例文の訳）「カナダでは，学校は何時に始まりますか？」

【日本語訳】

カルチャー・デイへようこそ。私の名前はエディです。カナダから来ました。今日は，カナダ，中国，フランス，インドの4か国の人と多くのことをして楽しむことができます。食べること，学ぶこと，新しい友達と話すことの3つができます。

まず，(1)エクッキングルームで，インドの食べ物を食べることができます。好みの食べ物を見つけてください。

次に，(2)1時からアートルームでは，中国，フランス，インドの人が，それぞれの国のお祭りの興味深い写真をたくさん見せてくれます。これらのお祭りについて学んで楽しむことができます。

3つ目に，2時に体育館でカナダの学生と対面して話をすることができます。彼らはカナダの学校について話してくれます。質問があれば，そこで彼らに尋ねてみてください。体育館で対面する前に，(3)事務所に行って名前カードを作る必要があります。

カルチャー・デイで楽しい時間をお過ごしください。

高校入試対策

英語リスニング
練習問題

解 答 集

:≣ contents

※**問題は別冊です**

入試本番に向けて

入試本番までにしておくこと

入試本番までに志望校の過去問を使って出題パターンを把握しておこう。英語リスニング問題は学校ごとに出題傾向があります。受験する学校の出題パターンに慣れておくことが重要です。

リスニング開始直前のチェックポイント

音声が流れるまでに問題文全体にざっと目を通そう。それぞれの問題で話題となる場面や登場人物をチェックしておこう。

✅ イラストを check！

英語リスニング問題ではイラストやグラフが使われることが多くあります。イラストなら<u>共通点と相違点を見つけて</u>，放送される事がらを予想しておこう。グラフなら<u>たて軸とよこ軸が何を表しているか</u>を見ておこう。

✅ 選択肢を check！

英文を選ぶ問題では，選択肢の登場人物，場所，日時などを事前に見つけ出して〇やアンダーラインなどの"しるし"をつけておこう。また，選択肢の共通点と相違点を見つけて質問を予想しておこう。

✅ 数字表現を check！

英語リスニング問題で必ず出題されるのが数字表現です。問題に数を表したイラストや時間を表す単語などがあるときは，数字を意識して解く問題だと予想しておこう。あらかじめ，問題文の英単語を数字に置きかえてメモしておく（fifteen → 15）とよい。

リスニング本番中の心構え

✅ メモにとらわれない！

英語リスニング問題ではほとんどの場合，「放送中にメモを取ってもかまいません。」という案内があります。特に，長文を聴き取らなくてはならないときはメモは不可欠です。ただし，メモを取るときに注意すべきことがあります。それは，<u>メモを取ることに集中しすぎて音声を聴き逃さない</u>ことです。〇やアンダーラインなど自分がわかる"しるし"をうまく活用して，「聴く」ことから気をそらさないようにしよう。

✅ 2回目は聴き方を変える！

放送文が1回しか読まれない入試問題もありますが，多くの場合は質問も含めて2回繰り返して読まれます。2回繰り返して読まれるときは，1回目と2回目で聴き方を変えます。1回目は状況や場面を意識し，（質問が先に放送される場合は，）2回目は質問に合う答えを出すことを意識しよう。1回目で答えがわかったときは，2回目は聴き違いがないか消去法を使って確実に聴き取ろう。

この解答集の特長と使い方

問題を解き終えたら，基本問題集（別冊）P1 ～ P2 の手順で答え合わせと復習をしよう。
解答集の左側のページにある QR コードを読み取ると，そのページの**さらに詳しい解説**を見ることができます。

解答は各大問の最初にあります。

🔊 **放送文**
放送文を見ながら，音声を聴こう。繰り返すうちに，聴く力が身に付きます。

基本問題集のポイントのおさらいや，大問ごとのアドバイスです。

CDのトラックナンバーです。

答えにつながる キーワード です。

答えにつながるキーセンテンスです。

📍 **覚えたい表現**
Memory work
実際の英語リスニング入試問題でよく出る「覚えたい表現」に★が付いています。入試までに覚えよう。

見開きページの同じ位置に 🔊 放送文 とそれに対応する 日本語訳 があるので，単語や表現を1つずつ照らし合わせながら復習ができます。

👤 **解説**
Explanation
問題を解くときのコツや，問題集の（メモ）の空欄の内容を解説しています。正解した問題でもひと通り読んでおこう。

📍 覚えたい表現 / Memory work **まとめ** （P37 ～ 38）

「覚えたい表現」をおさらいしておこう。
このページの QR コードを読み取ると，グループ分けした「覚えたい表現」を見ることができます。

🔊 **聞き違いをしやすい表現** / Easy to mistake （P39）

「聞き違いをしやすい表現」を知っておこう。
このページの音声はＣＤや教英出版ウェブサイトで聴くことができます。

もっと リスニング力 をつけるには

🔊 **音声に合わせてシャドーイング（発音）してみよう！**
正しい発音ができるようになると聴く力もぐんと上がります。まずは自分のペースで放送文を声に出して読んでみよう。次に音声に合わせて発音していこう。最初は聴こえたまま声に出し，慣れてきたら正しい発音を意識しよう。繰り返すうちに，おのずと正しい発音を聴き取る耳が鍛えられます。

🔊 **音声を聴きながらディクテーション（書き取り）してみよう！**
聴こえた英文を書き取る練習をしよう。何度も聴いて文が完成するまでトライしよう。聴き取れなかった単語や文がはっきりするので，弱点の克服につながります。また，英語を書く力も鍛えられます。

第1章　　　絵・グラフ

基本問題Ⓐ

解答　No.1　イ　　No.2　ア　　No.3　エ

 放送文　🎵1

No.1 　🚺：*What do you want to do in the future?

　　　🚹：I want to help sick people at a hospital .

　　Question：What kind of job does the boy want to do in the future?

No.2 　🚹：Mom, I'm going to play baseball in the park.

　　　　　I'll go there *by bike.

　　　🚺：Taro, you need this on your head when you ride

　　　　　your bike.

　　　🚹：Thank you.

　　Question：What does Taro need on his head?

No.3 　🚺：Ken, I want eggs , two oranges and three apples .

　　　　　*Can you go to the store to buy them?

　　　🚹：OK, Mom. *Can I buy juice , too?

　　　🚺：Yes, you can.

　　Question：What will Ken buy?

基本問題Ⓑ

解答　No.1　ア　　No.2　イ　　No.3　ア　　No.4　イ

放送文　🎵2

No.1 　A man is *looking at a clock on the wall .

　　Question：Which person is the man?

No.2 　It was snowing this morning, so I couldn't go to school

　　by bike. I *had to walk.

　　Question：How did the boy go to school this morning?

覚えたい表現
Memory work

★What do you want to do in the future?
「あなたは将来何をしたいですか？」

★by bike
「自転車で」

★Can you ～?
「～してくれませんか？」
★Can I ～?
「～してもいいですか？」

覚えたい表現
Memory work

★look at ～
「～を見る」

★have to ～
「～しなければならない」

最初に4つの絵を見ておけば，No.1は職業，No.2は場所やものに関すること，No.3は食品の種類と数についての話だと予想できるね。

日本語訳

解 説
Explanation

No.1 女：あなたは将来何をしたいの？

男：僕は 病院 で 病気の 人を助けたいよ。

Question：少年が将来やりたい仕事は何ですか？

sick「病気の」や hospital「病院」から，医者だとわかるね。

No.2 男：お母さん，僕は公園で野球をする予定だよ。

自転車でそこへ行くよ。

女：タロウ，自転車に乗るなら，頭部にはこれが必要よ。

男：ありがとう。

Question：タロウは頭部に何が必要ですか？

「自転車」や「頭にかぶる必要があるもの」からヘルメットだね。

No.3 女：ケン，私は 卵 ，みかん2個 ，りんご3個 がほしいわ。

それらを買うためにお店に行ってもらえる？

男：いいよ，お母さん。ジュース も買っていい？

女：いいわよ。

Question：ケンは何を買うでしょうか？

卵
みかん 2 個
りんご 3 個
ジュース
ジュースを忘れずに。

4つの絵を見比べて，メモする内容を予想できたかな？ No.1は男性がしていること，No.2は天気と移動手段，No.3は少年の体調，No.4は時刻だね。

日本語訳

解 説
Explanation

No.1 男性が 壁 の 時計 を見ています。

Question：その男性はどの人ですか？

clock「掛け時計／置き時計」より，アだね。

No.2 今朝は 雪が降って いたので，私は学校に自転車で行けませんでした。私は歩かなければなりませんでした。

Question：その少年は今朝，どうやって学校へ行きましたか？

"snowing"，"walk" が聞き取れれば，イとわかるね。

No.3　女：★What's the matter?

　　　男：Well, I've had a stomachache since this morning.

　　　　　I didn't have it ★last night.

　　　女：That's too bad. Are you all right?

　　Question：When did the boy have a stomachache?

No.4　女：Good morning, Kanta. Did you sleep well last night?

　　　男：Yes, Judy. I ★went to bed at eleven last night and ★got

　　　　　up at seven this morning .

　　　女：Good. I could only sleep ★for six hours.

　　Question：What time did Kanta get up this morning ?

練習問題A

解答　No.1　ア　　No.2　エ　　No.3　ア　　No.4　ウ

No.1　女：Ah, I hope it will ★stop raining soon.

　　　男：It was sunny yesterday.

　　　女：Yes. But the TV says we will have snow this
afternoon.

　　　男：Really? ★How about tomorrow ?

　　　女：It will be cloudy.

　　Question：How will the weather be tomorrow ?

No.2　男：★Thank you for giving me a birthday present, Mary.

　　　　　I like the bag very much.

　　　女：I'm happy you like it, Kenta.

　　　　　Oh, you're wearing a nice T-shirt today.

　　　男：This is a birthday present from my sister.

　　　　　And my mother made a birthday cake ★for me.

　　　女：Great. But you wanted a computer, right?

　　　男：Yes, I got one from my father !

　　Question：What did Kenta get from his father ?

No.3　女：どうしたの？

　　　男：うーん，今朝からずっとお腹が痛いんです。

　　　　　昨夜は痛くなかったのですが。

　　　女：それは大変ね。大丈夫？

　　　Question：少年はいつお腹が痛かったですか？

解説
Explanation

昨夜
お腹が痛くない。
今朝
お腹が痛い。

No.4　女：おはよう，カンタ。昨夜はよく眠れた？

　　　男：うん，ジュディ。昨夜は11時に寝て，今朝は7時に起きたよ。

　　　女：いいね。私は6時間しか眠れなかったわ。

　　　Question：カンタは今朝何時に起きましたか？

質問に
this morning「今朝」
とあるから起きた時
刻の午前7時だね。

No.1は天気，No.2は誕生日プレゼント，No.3は時刻，No.4はクラスのアンケート結果についてメモしよう。No.3は計算が必要だね。

日本語訳

No.1　女：ああ，すぐに雨が止んでほしいわ。

　　　男：昨日は晴れていたのに。

　　　女：ええ。でもテレビによると，今日の午後は雪らしいわ。

　　　男：本当に？明日はどう？

　　　女：くもりらしいわ。

　　　Question：明日の天気はどうですか？

解説
Explanation

昨日：晴れ
現在：雨
今日午後：雪
明日：くもり
質問はtomorrow
「明日」だからくもり
だね。

No.2　男：誕生日プレゼントをありがとう，メアリー。

　　　　　バッグをとても気に入ったよ。

　　　女：気に入ってくれてよかったわ，ケンタ。

　　　　　あら，今日は素敵なTシャツを着ているわね。

　　　男：これは姉（妹）からの誕生日プレゼントなんだ。

　　　　　母も僕のために誕生日ケーキを作ってくれたんだ。

　　　女：すてき。でもあなたはパソコンがほしかったんでしょ？

　　　男：そうだよ，父からもらったよ！

　　　Question：ケンタは父から何をもらいましたか？

メアリー：バッグ
姉（妹）：Tシャツ
母：誕生日ケーキ
父：パソコン
質問はfather「父」か
らもらったものだか
ら，パソコンだね。

No.3 　㊛：The movie will start at 11:00.

　　　　　★What time shall we meet tomorrow, Daiki?

　　　㊚：How about meeting at the station at 10:30, Nancy?

　　　㊛：Well, I want to go to a bookstore with you before the movie starts. Can we meet earlier?

　　　㊚：All right. Let's meet at the station fifty minutes before the movie starts.

　　　㊛：OK. See you tomorrow!

　　Question：What time will Daiki and Nancy meet at the station?

★What time shall we meet?
「何時に待ち合わせようか？」

No.4 　㊛：Tsubasa, look at this!

　　　　　We can see the most popular sports in each class.

　　　㊚：Soccer is ★the most popular in my class, Mary.

　　　㊛：Soccer is popular in my class, too.
　　　　　But volleyball is more popular.

　　　㊚：I see. And many of my classmates want to play softball.
　　　　　I want to try it, too!

　　　㊛：Really? ★No students in my class want to play softball.

　　Question：Which is Mary's class?

★the＋最上級＋in＋○○
「○○の中で最も…」

★no＋人
「(人)が1人もいない」

練習問題B

解答	No.1 ア	No.2 ウ	No.3 ア	No.4 ウ

No.1 　㊛：Kota, what a nice room!

　　　㊚：Thank you! Do you know what this is, Judy?

　　　㊛：No. ★I've never seen it before. Is it a table?

　　　㊚：Yes, but this is not just a table.
　　　　　This also ★keeps us warm in winter.

　　Question：What are they talking about?

★I've never 〜.
「私は一度も〜したことがない」

★keep＋人／もの＋状態「(人／もの)を(状態)に保つ」

No.3　⊛：映画は11時に始まるわ。

　　　　明日は何時に待ち合わせようか，ダイキ？

　　⊛：10時半に駅で待ち合わせるのはどう，ナンシー？

　　⊛：そうねぇ，私は映画が始まる前にあなたと書店に行きたいわ。

　　　　もっと早く待ち合わせできる？

　　⊛：いいよ。映画が始まる50分前に駅で会おう。

　　⊛：わかったわ。また明日ね！

　　Question：ダイキとナンシーは何時に駅で待ち合わせますか？

11時に映画が始まる。その50分前に待ち合わせるから，アの「10時10分」だね。fifty「50」は前にアクセント，fifteen「15」は後ろにアクセントがあるよ。

No.4　⊛：ツバサ，これを見て！

　　　　それぞれのクラスで1番人気のあるスポーツがわかるわ。

　　⊛：僕のクラスではサッカーが1番人気だね，メアリー。

　　⊛：サッカーは私のクラスでも人気よ。

　　　　でも，バレーボールの方がもっと人気だわ。

　　⊛：そうだね。それから，僕のクラスメートの多くはソフトボールをやりたいようだよ。僕もやってみたいな！

　　⊛：本当？私のクラスではソフトボールをやりたい生徒はいないわ。

　　Question：メアリーのクラスはどれですか？

ツバサのクラス：
サッカーが1位
ソフトボールが人気

メアリーのクラス：
サッカーよりバレーボールが人気
ソフトボールが0人

グラフの問題の音声を聞くときは，1番多い(少ない)もの，増加，減少などをメモしよう。消去法も有効だよ。

日本語訳

No.1　⊛：コウタ，何て素敵な部屋なの！

　　⊛：ありがとう！これは何か知ってる，ジュディ？

　　⊛：いいえ。一度も見たことがないわ。テーブルかしら？

　　⊛：そうだよ，でもこれはただのテーブルではないんだ。

　　　　これは冬に僕らを温めてもくれるんだ。

　　Question：彼らは何について話していますか？

ただのテーブルではなく，温めてくれるもの→「こたつ」だね。

No.2　男：Kate, this is a picture of our music band.

　　　　　We played some songs at the *school festival this year.

　　　　　It was a wonderful time for us!

　　　女：You *look excited, Hiroshi.

　　　　　Who is the student playing the guitar *next to you?

　　　男：He is Ryosuke. He plays the guitar well, and the other student playing the guitar is Taro.

　　　女：I see. The student playing the drums is Takuya, right?

　　　　　*I hear he *is good at singing, too.

　Question：Which boy is Hiroshi?

★school festival
「学園祭」
★look ～
「～のように見える」
★next to ～
「～のとなりに」

★I hear (that) ～.
「～だそうだ」
★be good at ～ ing
「～することが得意だ」

No.3　It was interesting to know what activity you enjoyed the best in my English class.

I *was glad to know that *over ten students chose *making speeches. Eight students chose reading stories, and *the same number of students chose writing diaries.

Maybe you can guess the most popular activity among you. It was listening to English songs.

I hope you will *keep enjoying English.

　Question：Which graph is the speaker explaining?

★be glad to ～
「～してうれしい」
★over ～「～以上」
★make a speech
「スピーチをする」
★the number of ～
「～の数」

★keep ～ ing
「～し続ける」

No.4　Look at the graph.

This is a graph of the number of visitors to the art museum which was built in 2014 in our city.

The number kept *going up until 2016.

But the next year, it *went down 20%.

The numbers in 2017 and 2018 were the same.

　Question：Which graph is the speaker explaining?

★go up「増加する」

★go down
「減少する」

No.2 　（男）：ケイト，これは僕らの音楽バンドの写真だよ。

　　　　　　　僕らは今年学園祭で何曲か演奏したんだ。

　　　　　　　僕らにとってすばらしい時間だったよ！

　　　　（女）：興奮しているようね，ヒロシ。

　　　　　　　あなたのとなりでギターを弾いているのは誰？

　　　　（男）：彼はリョウスケだよ。彼はギターが上手なんだ，そしても

　　　　　　　う1人，ギターを弾いているのがタロウだよ。

　　　　（女）：そうなの。ドラムをたたいているのはタクヤね？

　　　　　　　彼は歌も上手だそうね。

　　Question：どの少年がヒロシですか？

No.3 　私の英語の授業の中で，みなさんが何の活動を一番楽しんだか

　　がわかって興味深かったです。

　　私は，10人以上の生徒がスピーチをすることを選んでくれたと

　　知って，うれしく思いました。8人の生徒が物語を読むことを

　　選び，同じ人数の生徒が日記を書くことを選びました。

　　みなさんのあいだで一番人気があったものはたぶん想像がつく

　　と思います。

　　英語の歌を聞くことでした。

　　これからもずっと英語を楽しんでほしいです。

　　Question：話し手が説明しているのはどのグラフですか？

No.4 　グラフを見て下さい。

　　これは，2014年に私たちの市に建てられた美術館の，来場者数

　　のグラフです。

　　その数は2016年まで増加し続けました。

　　しかし，次の年に20％減少しました。

　　2017年と2018年は同数でした。

　　Question：話し手が説明しているのはどのグラフですか？

解説
Explanation

ギター：
リョウスケとタロウ
ドラム：タクヤ
ヒロシはリョウスケ
のとなりにいる**ウ**だ
ね。

音声を聞く前にグラフの項目名を見てお
こう。
スピーチ：10人以上
物語：8人
日記：物語と同じ人数
英語の歌：最も人気

これらの情報からア
を選べるね。

増減に着目しよう。
「2016年まで増加」
「2017年と2018年は
同数」より，**ウ**だね。

第2章　　　　次の一言

基本問題

解答　No.1　イ　　No.2　ウ　　No.3　イ　　No.4　ア

🔊 **放送文**　◎5

No.1　(女)：★Have you ever been to a foreign country?

　　　　(男)：Yes. I went to Australia last year.

　　　　(女)：Oh, I see. How long did you stay there?

> ア　By plane.　④ **For six days.**　ウ　With my family.

★Have you ever been to 〜?
「〜に行ったことがありますか？」

No.2　(女)：★May I help you?

　　　　(男)：Yes, I'm ★looking for a blue jacket.

　　　　(女)：How about this one?

> ア　Here you are.　イ　I'm just looking.　(ウ) **It's too expensive for me.**

★May I help you?
「お手伝いしましょうか？／いらっしゃいませ」
★look for 〜
「〜を探す」

No.3　(女)：★What are you going to do this weekend?

　　　　(男)：I'm going to ★go fishing in the sea with my father if it's sunny.

　　　　(女)：Really? That will be fun.

> ア　Sorry, I'm busy.　④ **I hope the weather will be nice.**
> ウ　Nice to meet you.

★What are you going to do?
「何をするつもりですか？」
★go fishing
「釣りに行く」

No.4　(女)：Hello.

　　　　(男)：Hello, this is Mike. ★May I speak to Yoko?

　　　　(女)：I'm sorry. She isn't at home now.

> (ア) **OK. I'll call again later.**　イ　Shall I take a message?
> ウ　Hello, Yoko. How are you?

★May I speak to 〜?
「(電話で)〜さんをお願いできますか？」

覚えたい表現
Memory work

最後の英文をメモできたかな。質問ならばそれに合う答えを選び，質問でなければ，話の流れから考えよう。消去法も有効だよ。

日本語訳

解 説
Explanation

No.1
女：外国に行ったことはある？

男：うん。去年，オーストラリアに行ったよ。

女：あら，そうなの。そこにはどれくらい滞在したの？

> ア 飛行機だよ。　**イ** 6日間だよ。　ウ 家族と一緒にだよ。

最後の英文
How long ～？
「(期間をきいて)どれくらい～？」より，返答はFor ～ .
「～間です」だね。

No.2
女：お手伝いしましょうか？

男：はい，青いジャケットを探しています。

女：こちらはいかがですか？

> ア はい，どうぞ。　イ 見ているだけです。　**ウ** 私には値段が高すぎます。

最後の英文
How about this one?
「こちらはいかがですか？」より，返答はウだね。

No.3
女：この週末は何をするつもりなの？

男：晴れたら，父と海に釣りに行くつもりだよ。

女：本当に？それは楽しそうね。

> ア ごめん，僕は忙しいんだ。　**イ** 天気が良いことを願うよ。
> ウ 会えてうれしいよ。

最後の英文が質問ではない。その前に「晴れたら…」と言っているので，話の流れからイだね。

No.4
女：もしもし。

男：もしもし，マイクです。ヨウコさんをお願いできますか？

女：ごめんね。彼女は今家にいないわ。

> **ア** わかりました。あとでかけ直します。　イ 伝言を預かりましょうか？
> ウ やあ，ヨウコ。元気？

電話で相手が不在だった場合，電話をかけた側がよく使う表現を選ぶよ。ふさわしいのはアだね。

練習問題

解答　No.1　エ　　No.2　ウ　　No.3　イ　　No.4　ア

🔊 放送文　💿6

No.1　(男)：Hello?

(女)：This is Natsuki. May I speak to Jim, please?

(男)：I'm sorry, but ★you have the wrong number.

ア　I don't know your phone number.
イ　I see. Do you want to leave a message?
ウ　Can you ask him to call me?
エ　I'm so sorry.

★You have the wrong number.
「番号が違っています」

No.2　(男)：Have you finished cooking?

(女)：No. ★I've just washed the tomatoes and carrots.

(男)：OK. Can I help you?

ア　Sorry. I haven't washed the tomatoes yet.
イ　I don't think so. Please help me.
ウ　Thanks. Please cut these carrots.
エ　All right. I can't help you.

★I've just+過去分詞.
「ちょうど～したところだ」

No.3　(女)：It's so hot today. Let's have something to drink.

(男)：Sure. I know a good shop. It ★is famous for fruit juice.

(女)：Really?　★How long does it take to get there from here by bike?

ア　Ten o'clock in the morning.　イ　Only a few minutes.
ウ　Four days a week.　エ　Every Saturday.

★be famous for ～
「～で有名である」
★How long does it take to ～?
「～するのにどれくらい時間がかかりますか？」

No.4　(男)：Whose notebook is this? ★There's no name on it.

(女)：Sorry, Mr. Jones. It's mine.

(男)：Oh, Ellen. You should write your name on your notebook.

ア　Sure. I'll do it now.　イ　No. I've never sent him a letter.
ウ　Yes. You found my name on it.　エ　Of course. I finished my homework.

★There is no ～.
「～がない」

最後の英文を聞き取って，メモできたかな？質問や提案に対する受け答えを注意深く選ぼう。

日本語訳

解 説
Explanation

No.1 男：もしもし？

女：ナツキです。ジムさんをお願いできますか？

男：すみませんが，<u>番号が違っています。</u>

ア	私はあなたの電話番号を知りません。
イ	わかりました。伝言を残したいですか？
ウ	私に電話するよう彼に伝えてくれますか？
エ	失礼しました。

男性の「番号が違っています」に対して，エ「失礼しました」以外は不適切だね。

No.2 男：料理は終わった？

女：いいえ。ちょうどトマトとニンジンを洗ったところよ。

男：よし，<u>手伝おうか？</u>

ア	ごめん。私はまだトマトを洗い終えていないの。
イ	そうは思わないわ。私を手伝って。
ウ	ありがとう。ニンジンを切って。
エ	わかったわ。私は手伝えないわ。

男性の提案「手伝おうか？」に対して，ウ「ありがとう。ニンジンを切って」以外は不適切だね。

No.3 女：今日はとても暑いわ。何か飲みましょう。

男：いいね。いい店を知っているよ。フルーツジュースで有名なんだ。

女：本当に？<u>自転車でそこに行くのにどれくらい時間がかかるの？</u>

ア	午前10時だよ。	イ	ほんの数分だよ。
ウ	週に４日だよ。	エ	毎週土曜日だよ。

How long does it take to ～?「～するのにどれくらい時間がかかりますか？」に対して，イ Only a few minutes.「ほんの数分」以外は不適切だね。

No.4 男：これは誰のノートかな？名前が書いてないな。

女：すみません，ジョーンズ先生。私のです。

男：おお，エレン。<u>ノートには自分の名前を書いておくべきだよ。</u>

ア	わかりました。すぐにそうします。
イ	いいえ。彼に手紙を送ったことはありません。
ウ	はい。あなたはそこに私の名前を見つけましたよね。
エ	もちろんです。私は宿題を終えました。

先生から「ノートには自分の名前を書いておくべきだよ」と言われたことに対して，ア「わかりました。すぐにそうします」以外は不適切だね。

第3章　　対話や英文と質問（1つ）

基本問題

解答　No.1　エ　　No.2　ア　　No.3　ウ

No.1　Mike finished his homework.

He was very hungry.

His mother said, "Dinner *is ready.

Please *tell Dad to come to the dining room."

So he went to his father.

Question：What is Mike's mother going to do?

> ア　She is going to do Mike's homework with her husband.
> イ　She is going to cook dinner in the dining room.
> ウ　She is going to go to the dining room with Mike.
> エ　She is going to eat dinner with her husband and Mike.

覚えたい表現
Memory work

★be ready
「準備ができている」
★tell＋人＋to 〜
「（人）に〜するように
に言う」

No.2　⦅女⦆：Tom, how's the pizza?

⦅男⦆：It's delicious, Lisa. I like your pizza very much.

⦅女⦆：Thank you. *Would you like some more?

Question：What will Tom say next?

> ア　Yes, please. I want more.　イ　Help yourself, Lisa.
> ウ　I'm sorry. I can't cook well.　エ　Of course. You can take it.

★Would you like
some more?
「もう少しいかが？」
（食べ物などを勧め
るときの表現）

No.3　⦅女⦆：I want this black pen . *How much is it?

⦅男⦆：Now we're having a sale. It's 1,500 yen this week.

⦅女⦆：I'll take it. It's a birthday present for my father.

Question：Where are they?

> ア　They are in the nurse's office.　イ　They are in the library.
> ウ　They are at a stationery shop.　エ　They are at a birthday party.

★How much 〜？
「〜はいくらですか？」

選択肢を読み比べておくと，誰の何について質問されるかをある程度予想できるよ。対話を聞きながら，人の名前や行動などをメモしよう。

日本語訳

解 説
Explanation

No.1 マイクは宿題を終えました。

彼はとてもお腹がすいていました。

母親が言いました。「夕食の準備ができたわ。

お父さんにダイニングに来るように言って」

それで彼は父親のところに行きました。

Question：マイクの母親は何をするつもりですか？

ア　彼女は夫と一緒にマイクの宿題をするつもりです。
イ　彼女はダイニングで夕食を作るつもりです。
ウ　彼女はマイクとダイニングに行くつもりです。
エ　彼女は夫とマイクと一緒に夕食を食べるつもりです。

マイク：宿題が終わった。おなかがすいた。父親を呼びに行く。
母親：夕食の準備ができた。
つまり，これから3人で夕食を食べるので，エだね。

No.2　🚺：トム，ピザはどう？

🚹：おいしいよ，リサ。僕は君のピザが大好きだよ。

🚺：ありがとう。もう少しいかが？

Question：トムは次に何を言うでしょうか？

ア　うん，お願い。もっとほしい。　イ　自由に取ってね，リサ。
ウ　ごめん。うまく料理できないんだ。　エ　もちろん。取っていいよ。

リサがトムに「もう少しいかが？」と勧めているので，アだね。

No.3　🚺：私はこの 黒いペン を買いたいです。おいくらですか？

🚹：ただいまセール中です。今週は1500円です。

🚺：それをいただきます。父への誕生日プレゼントなんです。

Question：彼らはどこにいますか？

ア　彼らは保健室にいます。　イ　彼らは図書館にいます。
ウ　彼らは文具店にいます。　エ　彼らは誕生日会にいます。

黒いペンを売っている店だから，ウのstationery shop「文具店」だね。

練習問題

解答　No.1　ア　　No.2　イ　　No.3　ア　　No.4　イ

 放送文　

No.1　（男）：I'm going to buy a birthday present for my sister. Lisa, can you go with me?

（女）：Sure, Ken.

（男）：★Are you free tomorrow?

（女）：Sorry, I can't go tomorrow. When is her birthday?

（男）：Next Monday. Then, how about this Saturday or Sunday?

（女）：Saturday is fine with me.

（男）：Thank you.

（女）：What time and where shall we meet?

（男）：How about at eleven at the station?

（女）：OK. See you then.

Question：When are Ken and Lisa going to buy a birthday present for his sister?

★Are you free?
「（時間が）空いている？」

ア　This Saturday.　イ　This Sunday.　ウ　Tomorrow.　エ　Next Monday.

No.2　（女）：Hello?

（男）：Hello. This is Tom. Can I speak to Eita, please?

（女）：Hi, Tom. I'm sorry, he ★is out now.
Do you ★want him to call you later?

（男）：Thank you, but I have to go out now. ★Can I leave a message?

（女）：Sure.

（男）：Tomorrow we are going to do our homework at my house. ★Could you ask him to bring his math notebook?
I have some questions to ask him.

（女）：OK, I will.

Question：What does Tom want Eita to do?

★be out
「外出している」
★want＋人＋to ～
「（人）に～してほしい」
★Can I leave a message?
「伝言をお願いできますか？」

★Could you ～？
「～していただけませんか？」

ア　To do Tom's homework.　イ　To bring Eita's math notebook.
ウ　To call Tom later.　エ　To leave a message.

音声を聞く前に選択肢を読み比べて，質問される人や内容を考えておこう。対話が長いので，ポイントをしぼってメモをとろう。

日本語訳

No.1

男：姉(妹)の誕生日プレゼントを買おうと思っているんだ。リサ，一緒に来てくれない？

女：いいわよ，ケン。

男：明日は空いてる？

女：ごめんね，明日は行けないわ。彼女の誕生日はいつ？

男：次の月曜日だよ。じゃあ，この土曜日か日曜日はどう？

女：土曜日は都合がいいわ。

男：ありがとう。

女：何時にどこで待ち合わせる？

男：11時に駅でどうかな？

女：ええ。じゃあそのときね。

Question：ケンとリサはいつ彼の姉(妹)の誕生日プレゼントを買うつもりですか？

⑦ この土曜日。　イ　この日曜日。　ウ　明日。　エ　次の月曜日。

解 説
Explanation

選択肢より，曜日に注意してメモをとろう。This Saturday.「この土曜日」の**ア**だね。

No.2

女：もしもし？

男：もしもし。トムです。英太さんをお願いできますか？

女：こんにちは，トム。ごめんね，彼は今外出しているわ。あとでかけ直すようにしましょうか？

男：ありがとうございます，でもすぐに外出しないといけないんです。伝言をお願いできますか？

女：いいわよ。

男：明日，僕の家で一緒に宿題をすることになっています。数学のノートを持ってくるよう彼に頼んでいただけませんか？彼にいくつか尋ねたいことがあるんです。

女：わかったわ，伝えておくわね。

Question：トムが英太にしてほしいことは何ですか？

ア　トムの宿題をすること。　　④　数学のノートを持ってくること。
ウ　あとでトムに電話すること。　エ　伝言を残すこと。

選択肢より，英太がトムに対してすること(トムが英太にしてほしいこと)を選ぼう。トムは3回目の発言で**イ**の内容の伝言を伝えたんだね。

No.3　㊛：Hi, Mike. ★What kind of book are you reading?

　　　　㊚：Hi, Rio. It's about *ukiyoe* pictures. I learned about them last week.

　　　　㊛：I see. You can see *ukiyoe* in the city art museum now.

　　　　㊚：Really? I want to visit there.
　　　　　　In my country, there are some museums that have *ukiyoe*, too.

　　　　㊛：Oh, really? I ★am surprised to hear that.

　　　　㊚：I have been there to see *ukiyoe* once.
　　　　　　I want to see them in Japan, too.

　　　　㊛：I went to the city art museum last weekend.
　　　　　　It was very interesting. You should go there.

　　Question：Why was Rio surprised?

> ⑦　Because Mike said some museums in his country had *ukiyoe*.
> イ　Because Mike learned about *ukiyoe* last weekend.
> ウ　Because Mike went to the city art museum in Japan last weekend.
> エ　Because Mike didn't see *ukiyoe* in his country.

No.4　㊛：Hello, Hiroshi. How was your holiday?

　　　　㊚：It was great, Lisa. I went to Kenroku-en in Kanazawa. It is a beautiful Japanese garden.

　　　　㊛：How did you go there?

　　　　㊚：I took a train to Kanazawa from Toyama.
　　　　　　Then I wanted to take a bus from Kanazawa Station, but there were many people. So I ★decided to walk.

　　　　㊛：Oh, really? How long did it take ★from the station to Kenroku-en?

　　　　㊚：About 25 minutes. I saw many people from other countries.

　　　　㊛：I see. Kanazawa is an ★international city.

　　Question：Which is true?

> ア　It took about 25 minutes from Toyama to Kanazawa.
> ⑦　Hiroshi walked from Kanazawa Station to Kenroku-en.
> ウ　Hiroshi went to many countries during his holiday.
> エ　Hiroshi took a bus in Kanazawa.

覚えたい表現
Memory work

★What kind of 〜？
「どんな種類の〜？」

★be surprised to 〜
「〜して驚く」

★decide to 〜
「〜することに決める
／決心する」
★from A to B
「AからBまで」

★international
「国際的な」

No.3　　(女)：こんにちは，マイク。どんな本を読んでいるの？

　　　　(男)：やあ，リオ。浮世絵についての本だよ。先週それらについて学んだんだ。

　　　　(女)：そうなの。今，市立美術館で浮世絵を見ることができるよ。

　　　　(男)：本当に？そこに行きたいな。

　　　　　　　僕の国にも，浮世絵のある美術館があるよ。

　　　　(女)：え，本当に？それを聞いて 驚いた わ。

　　　　(男)：僕は一度そこに浮世絵を見に行ったことがあるよ。

　　　　　　　日本でも見たいな。

　　　　(女)：先週末，市立美術館に行ったの。

　　　　　　　とても面白かったわ。あなたも行くべきよ。

　　　Question：なぜリオは驚きましたか？

(ア) マイクが彼の国の美術館に浮世絵があると言ったから。
イ　マイクが先週末に浮世絵について学んだから。
ウ　マイクが先週末に日本の市立美術館に行ったから。
エ　マイクが彼の国で浮世絵を見なかったから。

解説
Explanation

選択肢が全て
Because Mike ～.
マイクが言ったことは
・浮世絵についての
　本を読んでいる。
・浮世絵のある美術
　館が自国にもある。
・自国の美術館に浮
　世絵を見に行った
　ことがある。
・日本でも浮世絵を
　見たい。
質問は「リサが驚い
た理由」だから，アだ
ね。

No.4　　(女)：こんにちは，ヒロシ。休みはどうだった？

　　　　(男)：すばらしかったよ，リサ。金沢の兼六園に行ったよ。

　　　　　　　美しい日本庭園だよ。

　　　　(女)：そこにはどうやって行ったの？

　　　　(男)：富山から金沢まで電車に乗ったよ。

　　　　　　　そして金沢駅からはバスに乗りたかったけれど，とても
　　　　　　　たくさんの人がいたんだ。それで僕は歩くことにしたよ。

　　　　(女)：まあ，本当？駅から兼六園までどれくらい時間がかかったの？

　　　　(男)：約25分だよ。外国から来たたくさんの人を見たよ。

　　　　(女)：なるほど。金沢は国際都市ね。

　　　Question：どれが正しいですか？

ア　富山から金沢まで約25分かかった。
(イ) ヒロシは金沢駅から兼六園まで歩いた。
ウ　ヒロシは休みの間にたくさんの国に行った。
エ　ヒロシは金沢でバスに乗った。

選択肢から以下の
キーワードにしぼっ
て，音声の同様の単
語に注意しよう。
ア 25 minutes
イ walk
ウ many countries
エ bus
アはヒロシの3回目，
イ，エは2回目の発
言にあるけど，ウは
音声にはないね。ヒ
ロシは金沢駅から兼
六園まで歩いたの
で，イだね。

第4章　　　語句を入れる

基本問題

解答　No.1　（ア）土　（イ）2時30分　（ウ）青

No.2　（ア）博物館〔別解〕美術館　（イ）150　（ウ）生活〔別解〕暮ら

 放送文　

No.1

女 : David, the festival will ★be held ア from Friday to Sunday , right?

男 : Yes, Kyoko. I'm going to join the dance event at the music hall ア★on the second day .

女 : That's great! Can I join, too?

男 : Sure. It will start at イ three in the afternoon.

Let's meet there イ 30 minutes before that .

We will wear ウ blue T-shirts when we dance.

Do you have one?

女 : Yes, I do. I'll bring it.

No.2

男 : What is this building, Kate? It looks very old.

女 : This is a ア museum , Eita.

It was built about イ 150 years ago and used as a school.

男 : What can we see here?

女 : You can see how people ウ lived ★a long time ago.

★Shall we go inside now?

男 : OK. Let's go.

覚えたい表現
Memory work

★be held
「開催される」

★on the second day「2日目に」

★a long time ago
「昔」
★Shall we ～?
「(一緒に)～しましょうか?」

音声を聞く前に空欄を見て，どのような語句が入るか予想しよう。数を聞き取る問題は，アクセントに注意しよう。

解説
Explanation

No.1　⃝女：デイビッド，お祭りは ア 金曜日から日曜日まで 開催されるのよね？

　　　⃝男：そうだよ，教子。僕は ア 2日目に 音楽ホールで行われるダンスイベントに参加する予定だよ。

　　　⃝女：いいわね！私も参加していい？

　　　⃝男：いいよ。それは午後 イ 3時 に始まるよ。

　　　　　 イ 30分前（＝午後2時30分） に現地で待ち合わせしよう。

　　　　　 僕らはダンスをするときに ウ 青いTシャツ を着るんだ。

　　　　　 持っている？

　　　⃝女：ええ，持っているわ。それを持っていくね。

お祭り：
金 曜日～日 曜日

ダンスイベント：
2 日目
開始時刻：午後 3 時
集合時刻：30 分前
Tシャツの色：青 色

No.2　⃝男：この建物は何だろう，ケイト？とても古そうだね。

　　　⃝女：これは ア 博物館 よ，英太。

　　　　　 約 イ 150 年前に建てられて，学校として使われたの。

　　　⃝男：ここでは何を見ることができるの？

　　　⃝女：昔の人々がどのように ウ 生活していた かを見られるわ。

　　　　　 では中に入りましょうか？

　　　⃝男：うん。行こう。

ア
museum「博物館／美術館」を聞き取ろう。

イ
one hundred and fifty（＝150）
fiftyのアクセントに注意。fiftyのアクセントは前にあるよ。

ウ
how以下が間接疑問。lived「生活していた」を聞き取ろう。

← さらに詳しい解説

練習問題

解答　No.1 （ア）Sunday （イ）11 (in the morning)　No.2 （ア）learn （イ）Thursday

 放送文　

No.1

男：Hi, Lisa. This is Mike. How's everything?

女：Great, thanks. ★What's up?

男：My brother is coming to Fukuoka next Friday and will stay here for three weeks.

　　How about going to a ramen shop together?

　　He has wanted to eat ramen in Fukuoka ★for a long time.

女：Oh, there's a good ramen shop near my house.

　　Let's go there.

男：That's great. He will be glad to hear that.

　　When and where shall we meet?

女：Can you come to my house at ィ eleven in the morning next Saturday?

　　Then we can walk to the ramen shop together.

男：I'm sorry, I can't. I'm busy until three in the afternoon that day.

　　How about ★ィ the same time next ァ Sunday ?

女：All right. Can I ★invite my friend Nancy?

男：Sure. See you then. Bye.

No.2

男：Thank you for coming to our concert today, Aya. How was it?

女：Wonderful! Everyone was great. You especially played the violin very well, James. I really enjoyed the concert.

男：I'm glad to hear that.

女：I want to play the violin, too. ァCan you teach me ★how to play it ?

男：ァSure. ィI'm free every Thursday.

　　Please come to my house and we can practice together.

女：That's nice! Can I visit you next ィ Thursday ?

男：Of course.

★What's up?
「どうしたの？」

★for a long time
「長い間／ずっと」

★the same time
「同じ時間」
★invite ～
「～を招く／誘う」

★how to ～
「～する方法」

音声で流れない語句を答えなくてはならない場合もあるよ。そのようなときは，前後の内容から考えて語句を導き出そう。

日本語訳

No.1

男：もしもし，リサ。マイクだよ。元気？

女：元気よ。どうしたの？

男：兄(弟)が今度の金曜日に福岡に来て，3週間いるんだ。
一緒にラーメン屋に行かない？
兄(弟)がずっと福岡のラーメンを食べたいって言っててさ。

女：それなら家の近くにおいしいラーメン屋があるわよ。
そこに行こうよ。

男：やったあ。兄(弟)もそれを聞いたら喜ぶよ。
いつどこで待ち合わせをしようか？

女：今度の土曜日，ｨ 午前11時 に私の家に来られる？
歩いて一緒にラーメン屋まで行けるわ。

男：ごめん，無理だ。その日は午後3時まで忙しいんだ。
今度の ｱ 日曜日 の ｨ 同じ時間 はどう？

女：いいわよ。友達のナンシーも誘っていい？

男：もちろんだよ。じゃあそのときね。バイバイ。

ラーメン屋に行く曜日と時間を答える問題だね。
リサ：土曜日午前11時を提案。
マイク：日曜日の同じ時間を提案。

No.2

男：今日はコンサートに来てくれてありがとう，アヤ。どうだった？

女：素敵だったわ！みんな上手だった。特にあなたはバイオリンをとても上手に演奏していたね，ジェームス。
本当にいいコンサートだったわ。

男：それを聞いてうれしいよ。

女：私もバイオリンを弾いてみたいわ。ｱ 弾き方を教えてくれない？

男：ｱ いいよ。ｨ 毎週木曜日は時間があるよ。
僕の家においでよ，それなら一緒に練習できるよ。

女：ありがとう！次の ｨ 木曜日 に行ってもいい？

男：もちろんだよ。

ア
ジェームスはアヤにバイオリンを教える＝アヤはジェームスからバイオリンを学ぶ。learn「学ぶ」が適切だよ。音声で流れない単語を書く難問だね。practice を入れると後ろのfrom youと合わないから不適切だね。

イ
Thursday「木曜日」を聞き取ろう。

- 24 -

← さらに詳しい解説

第5章　　　対話と質問（複数）

基本問題

解答　No.1　イ　　　No.2　ア　　　No.3　イ　　　No. 4　ア

 放送文　

（男）: Hello, Ms. Brown.

（女）: Hi, Kenji. You don't look well today. ★What happened?

（男）: Last week we had a basketball game.

I was ★so nervous that I couldn't play well.

No.1 イ Finally, our team lost the game.

（女）: Oh, I understand how you feel.

I played basketball for ten years in America.

I felt nervous during games, too.

（男）: Oh, did you? No.2 ア I always ★feel sorry for my friends in my team when I make mistakes in the game.

（女）: Kenji, I had the same feeling. When I made a mistake in the game, I ★told my friends that I was sorry.

But one of my friends said, "Don't feel sorry for us. We can ★improve by making mistakes. You can try again!"

She told me with a big smile.

Her words and smile ★encouraged me.

★Since then, I have ★kept her words in mind.

（男）: Thank you, Ms. Brown. I learned a very important thing from you. No.4 ア Now I believe that I can improve my basketball skills by making mistakes.

（女）: Great, Kenji! I'm glad to hear that. No.3 イ When is your next game?

（男）: Oh, No.3 イ it's in November. Please come to watch our game!

（女）: Sure. I'm ★looking forward to seeing it. Good luck.

（男）: Thank you, Ms. Brown. I'll ★do my best.

覚えたい表現
Memory work

★What happened?
「何かあった？」

★so…that ~
「とても…なので~」

★feel sorry for ~
「~に申し訳なく思う」

★tell＋人＋that ~
「(人)に~と言う」

★improve
「上達する」

★encourage ~
「~を励ます」
★since then
「それ以来」
★keep ~ in mind
「~を心に留める」

★look forward to ~ing
「~することを楽しみにする」
★do one's best
「ベストを尽くす」

音声を聞く前に問題文や選択肢を読んでおこう。対話が長いので，集中力を切らさず，答えに関する内容を正しく聞き取ってメモしよう。

日本語訳

解 説
Explanation

男：こんにちは，ブラウン先生。

女：あら，ケンジ。今日は元気がないわね。何かあった？

男：先週，バスケットボールの試合がありました。

とても緊張してうまくプレーできなかったんです。

No.1 ィ 結局，僕らのチームは試合に負けてしまいました。

女：まあ，私はあなたの気持ちがわかるわ。

私はアメリカで10年間バスケットボールをしていたの。

私もゲーム中に緊張していたわ。

男：先生もですか？ No.2 ァ 僕は試合でミスをしたとき，いつもチームの友達に申し訳なく思います。

女：ケンジ，私も同じ気持ちだったわ。試合で自分がミスをしたとき，友達に謝っていたの。

でも，友達の1人が，「申し訳なく思うことはないわ。

私たちはミスをすることで上達するの。

また挑戦すればいいのよ！」と満面の笑みで言ってくれたのよ。

彼女の言葉と笑顔に励まされたわ。

それ以来，彼女の言葉を心に留めているの。

男：ありがとうございます，ブラウン先生。僕は先生からとても大切なことを学びました。No.4 ァ 今はミスをすることによってバスケットボールの技術を上達させられると信じています。

女：すごい，ケンジ！それを聞いてうれしいわ。No.3 ィ 次の試合はいつ？

男：ああ，No.3 ィ 11月にあります。僕たちの試合を見に来てください！

女：いいわ。試合を見るのを楽しみにしているわ。がんばってね。

男：ありがとうございます，ブラウン先生。ベストを尽くします。

・先週の試合でケンジのチームは負けた。
・ブラウン先生はアメリカで10年間バスケットボールをしていた。
・ケンジはミスをすると友達に申し訳ないと思う。
・ブラウン先生はミスをすると友達に謝っていた。
・しかし，ブラウン先生の友達がまた挑戦すればいいと言った。その言葉と笑顔に励まされた。
・ケンジはブラウン先生からとても大切なことを学んだ。今ではミスをすることでバスケットボールの技術が上達すると信じている。
・ケンジの次の試合は11月にある。
・ブラウン先生は試合を楽しみにしている。
・ケンジはベストを尽くすつもりだ。

← さらに詳しい解説

練習問題

 放送文　

🔲 覚えたい表現
Memory work

女：Hi, Daiki. What will you do during the spring vacation?

男：My family will spend five days in Tokyo with my friend, Sam.

He is a high school student from Sydney. I met him there.

女：I see. No.1 イ <u>Did you live in Sydney</u>?

男：No.1 イ <u>Yes. My father worked there when I was a child.</u>

Sam's parents *asked my father to take care of Sam in Japan.

No.2 イ <u>He will come to my house in Osaka next week.</u>

★ask＋人＋to～
「（人）に～するよう
に頼む」

女：Has he ever visited Japan?

男：No, he hasn't. I haven't seen him for a long time, but we

often send e-mails to *each other.

★each other
「お互いに」

女：How long will he stay in Japan?

男：For ten days. No.3 エ <u>Have you ever been to Tokyo, Cathy</u>?

女：No.3 エ <u>No, but I'll visit there this May with my friend, Kate.</u>

She lives in America. Do you often go to Tokyo?

男：Yes. My grandmother lives there.

We will visit the zoo and the museum with her.

We will also go shopping together.

女：*That sounds good. Sam will be very glad.

★That sounds
good.
「それはいいね」

男：I hope so. Well, I sent him a book about Tokyo which has

*a lot of beautiful pictures.

★a lot of～
「たくさんの～」

女：Cool. I also want to give a book like that to Kate because

No.4 エ <u>she likes taking pictures of beautiful places.</u>

*Actually, she has been to many foreign countries to take

pictures.

★actually
「実際に／実は」

男：That's interesting. I like taking pictures, too.

So I want to see the pictures she took in other countries.

女：OK. I'll tell her about that.

男：Thank you.

Question No.1：Where did Daiki live when he was a child?

Question No.2：Who will come to Daiki's house next week?

Question No.3：Has Cathy visited Tokyo before?

Question No.4：What does Kate like to do?

ダイキとキャシーの対話。ダイキの友達のサムと，キャシーの友達のケイトも出てくるよ。音声を聞きながら，誰が何をしたかをメモしよう。

日本語訳

（女）：こんにちは，ダイキ。春休みは何をするの？

（男）：家族で，友達のサムと一緒に東京に5日間滞在するよ。サムはシドニー出身の高校生だよ。僕はシドニーで彼と知り合ったんだ。

（女）：そうなんだ。 No.1ｲ **あなたはシドニーに住んでいたの？**

（男）：No.1ｲ **そうだよ。僕が子どものころ，父がシドニーで働いていたんだ。** サムの両親が，日本に行くサムの面倒を見てくれるよう父に頼んだんだよ。

　No.2ｲ **サムは来週，大阪の我が家に来るよ。**

（女）：彼は日本に来たことがあるの？

（男）：ないよ。僕も長いこと彼に会っていないんだ，でもお互いによくメールを送り合っているよ。

（女）：彼は日本にどのくらい滞在するの？

（男）：10日間だよ。No.3ｴ **キャシーは東京に行ったことある？**

（女）：No.3ｴ **いいえ，でも友達のケイトと，今年の5月に行くつもりよ。** 彼女はアメリカに住んでいるわ。あなたはよく東京に行くの？

（男）：うん。祖母が住んでいるんだ。
　　僕たちは，祖母と一緒に動物園と博物館に行く予定だよ。
　　それから一緒に買い物にも行くつもりなんだ。

（女）：それはいいわね。サムはとても喜ぶと思うわ。

（男）：そうだといいな。そういえば，僕はサムに，素敵な写真がたくさん載っている東京に関する本を送ったんだよ。

（女）：いいわね。私もそういう本をケイトに送りたいわ，No.4ｴ **彼女は美しい場所の写真を撮るのが好き**だから。
　　実は，彼女は写真を撮るためにたくさん外国に行っているのよ。

（男）：それは興味深いな。僕も写真を撮るのが好きだよ。
　　だから彼女が外国で撮った写真を見たいな。

（女）：わかった。彼女にそう伝えておくわ。

（男）：ありがとう。

Question No.1：ダイキは子どものころ，どこに住んでいましたか？

Question No.2：来週，誰がダイキの家に来ますか？

Question No.3：キャシーは以前，東京に行ったことがありますか？

Question No.4：ケイトは何をするのが好きですか？

解説 Explanation

No.1
ダイキについての質問だね。ダイキは幼少期にシドニーに住んでいたと言っているね。

No.2
ダイキの家に来るのは，ダイキの友達のサムだね。

No.3
キャシーは，東京に行く予定はあるけれど，まだ行ったことはないと言っているね。Has Cathy ～？と聞かれたから，No, she hasn't. と答えよう。

No.4
キャシーが友達のケイトの好きなことを紹介しているね。

第６章　　英文と質問（複数）

基本問題

解答　No.1　ア　　No.2　エ　　No.3　ウ

Today is the last day before summer vacation.

From tomorrow, you'll have twenty-five days of vacation and I'll give you some homework to do.

For your homework, you must write a report about the problems in the ★environment and you must use ★more than one hundred English words.

We've ★finished reading the textbook about the problems in the environment.

So, No.1 ア in your report, you must write about ★one of the problems in the textbook that is interesting to you.

★The textbook says that there are many kinds of problems like water problems or fires in the mountains.

No.2 エ The textbook also says that everyone in the world must continue thinking about ★protecting the environment from these problems.

If you want to know more about it, use the Internet or books in the city library.

No.3 ウ Please give me your report at the next class.

I hope you enjoy this homework and have a good vacation.

覚えたい表現
Memory work

★environment
「環境」
★more than ～
「～以上」
★finish ～ing
「～し終える」

★one of ～
「～の１つ」

★the textbook says
(that)～「教科書に
は～と書いてある」

★protect A from B
「BからAを守る」

音声を聞く前に，問題文，質問，選択肢の内容から，聞き取るべきキーワードをイメージできたかな？それらのキーワードに関連する部分を中心にメモをとろう。

日本語訳

今日は夏休み前の最終日です。

明日からみなさんは25日間の休暇に入るので，宿題を出します。

みなさんは宿題として，環境問題についてのレポートを書いてください，なお，英単語を100語以上使わなければいけません。

私たちは環境問題についての教科書を読み終えました。

ですから No.1 ァレポートでは，教科書の中で自分の興味がある問題の1つについて書いてください。

教科書には，水問題や山火事のような，多くの種類の問題があると書いてあります。

No.2 ェまた，教科書には，世界中の誰もが，これらの問題から環境を守ることを考え続けなければいけない，とも書いてあります。

もっと詳しく知りたい人は，インターネットや市立図書館にある本を利用してください。

No.3 ゥレポートは，次の授業で私に提出してください。

みなさんがこの宿題を楽しみ，良い休暇を過ごすことを願っています。

解説 Explanation

・夏休み前の最終日。明日から25日間の休みに入る。

・環境問題についてのレポートを書く。英単語を100語以上使う。

・環境問題についての教科書を読み終えた。

・教科書の中で興味がある問題を選ぶ。

・教科書には世界中の誰もが環境を守ることについて考え続けなければならないと書いてある。

・詳しく知りたい人はインターネットや市立図書館の本を利用する。

・次の授業でレポートを提出する。

練習問題

解答　No.1　イ　　No.2　エ　　No.3　ウ　　No.4　イ

 放送文　14

覚えたい表現
Memory work

Today, I'll tell you about my grandmother's birthday party.

Before her birthday, I talked about a birthday present for her with my father and mother.

My father said, "Let's go to a cake shop and buy a birthday cake." No.1 イ My mother said, "That's a good idea. I know a good cake shop." But when I saw my bag, I had another idea. I said, "No.2 エ My grandmother made this bag ★as my birthday present last year, so I want to make a cake for her."

★as ～ 「～として」

They agreed.

No.3 ウ On her birthday, I started making the cake at nine in the morning. My father and mother helped me because that was ★my first time. I finished making it at one in the afternoon.

★my first time
「（私にとって）初めてのこと」

We visited my grandmother at six and started the party for her.

First, we enjoyed a special dinner with her.

After that, I showed her the cake.

When she saw it, she said, "Wow, did you make it? I'm so happy. Thank you, Kyoko."

I ★was happy to hear that.

★be happy to ～
「～してうれしい」

No.4 イ Then we ★sang a birthday song for her and ate the cake with her. I'll never forget that wonderful day.

★sang
sing「歌う」の過去形

Question No.1 : Who knew a good cake shop?

Question No.2 : Why did Kyoko want to make a cake for her grandmother?

Question No.3 : ★How many hours did Kyoko need to make the cake?

★How many hours ～ ?
「何時間～？」

Question No.4 : What did Kyoko do at her grandmother's birthday party?

選択肢から，No.1は人物，No.2は理由，No.3は時間，No.4は行動についての質問だと推測できるね。関連部分の音声に注意しながら聞き取ってメモをし，質問にそなえよう。

日本語訳

今日は，私の祖母の誕生日パーティーについて話そうと思います。

誕生日の前に，私は，祖母にあげる誕生日プレゼントについて両親と話しました。

父は，「ケーキ屋に行って誕生日ケーキを買おう」と言いました。

No.1ィ 母は，「いい考えね。私はおいしいケーキ屋を知っているわ」と言いました。しかし私は，自分のバッグを見て別の考えが浮かびました。

「No.2ェおばあちゃんは去年，私の誕生日プレゼントとしてこのバッグを作ってくれたの。だから私はケーキを作りたいわ」と私は言いました。両親も賛成してくれました。

No.3ゥ誕生日当日，私は午前9時からケーキを作り始めました。ケーキ作りは初めてのことだったので，両親が手伝ってくれました。私は午後1時にケーキを作り終えました。

私たちは6時に祖母の家に行き，パーティーを始めました。

まず，一緒にごちそうを楽しみました。

その後，私は祖母にケーキを見せました。

それを見ると，祖母は，「まあ，自分で作ったの？とってもうれしいわ。ありがとう，教子」と言いました。

私はそれを聞いてうれしくなりました。

No.4ィそれから私たちは，祖母のために誕生日の歌を歌って，一緒にケーキを食べました。私はあの素晴らしい日を決して忘れません。

Question No.1：おいしいケーキ屋を知っていたのは誰ですか？

Question No.2：教子はなぜ祖母にケーキを作ってあげたかったのですか？

Question No.3：教子はケーキを作るのに何時間かかりましたか？

Question No.4：教子は祖母の誕生日パーティーで何をしましたか？

解説 Explanation

No.1
おいしいケーキ屋を知っていた人は，ケーキを買おうと言ったお父さんではないよ。教子のお母さんだね。

No.2
おばあちゃんがバッグを作ってくれたから，自分も手作りのものをあげたいと思ったんだね。

No.3
午前9時から午後1時までだから，4時間だね。

No.4
教子が話したのは，イの「祖母のために両親と誕生日の歌を歌った」だね。

第7章　　作　文

基本問題

解答　No.1　（例文）We can give her some flowers.

No.2　（例文）I can play soccer with him. It's bcause I can talk with him in Japanese while we are playing soccer.

🔊 放送文　◎15

No.1　女：Hi, John. Do you know our classmate Eiko will leave Tokyo and live in Osaka from next month?

We have to *say goodbye to her soon.

男：Really, Kyoko? I didn't know that. I'm very sad.

女：Me, too. Well, let's do something for Eiko. What can we do?

男：(　　　　　)

No.2　Hello, everyone.

Next week a student from Australia will come to our class and study with us for a month.

His name is Bob.

He wants to enjoy his stay.

He likes sports very much and wants to learn Japanese.

Please tell me what you can do for him and why.

★say goodbye to ～
「～にさよならを言う」

No.1では引っ越すクラスメートに，No.2ではオーストラリアからの留学生に対してできることを英文で書くよ。間違えずに書ける単語や表現を使って短くまとめよう。

No.1

女：こんにちは，ジョン。クラスメートのエイコが東京を去り，

来月から大阪に住むことになったって知ってる？

もうすぐさよならを言わなければならないわ。

男：本当に，教子？それは知らなかったよ。とても悲しいね。

女：私もよ。<u>エイコのために何かしましょう。</u>

<u>何ができるかしら？</u>

男：（　　　　　）

No.2

みなさん，こんにちは。

来週，オーストラリアから1人の留学生がこのクラスに来て，

一緒に1か月間勉強する予定です。

彼の名前はボブです。

彼はこの滞在を楽しみたいと思っています。

<u>彼はスポーツが大好きで，日本語を学びたいと思っています。</u>

<u>あなたが彼のためにできることと，その理由を教えてください。</u>

解説
Explanation

No.1
東京から大阪へ引っ越すクラスメートにしてあげられることを書こう。
（例文の訳）
「花束をあげることができるね」
「(人)に(もの)をあげる」＝give＋人＋もの

No.2
スポーツが大好きで日本語を学びたい留学生のためにできることと，その理由を書こう。
（例文の訳）
「僕は彼と一緒にサッカーをすることができます。サッカーをしながら，彼と日本語で話をすることができるからです」

練習問題

> 解答　No.1　ウ　　No.2　They should tell a teacher.
>
> 　　　No.3　（例文）I want to go to America because there are a lot of places
> to visit.

 放送文　16

★Welcome to our school. I am Lucy, a second-year student of this school. We are going to show you around our school today. Our school was built in 2019, so it's still new.

Now we are in the gym.

We will start with the library, and I will ★show you how to use it. Then we will look at classrooms and the music room, and ₙₒ.₁ ウwe will finish at the lunch room. There, you will meet other students and teachers.

After that, we are going to have ★a welcome party.

There is something more I want to tell you.

We took a group picture ★in front of our school.

ₙₒ.₂If you want one, you should tell a teacher tomorrow.

Do you have any questions?

Now let's start.

Please come with me.

Question No.1：Where will the Japanese students meet other students and teachers?

Question No.2：If the Japanese students want a picture, what should they do tomorrow?

Question No.3：If you study abroad, what country do you want to go to and why?

覚えたい表現 Memory work

★Welcome to ～ .
「～へようこそ」

★show＋人＋もの
「（人）に（もの）を見せる」

★a welcome party「歓迎会」

★in front of ～
「～の前で」

「…ので〜したい」＝I want to 〜 because …. は英作文でよく使う形なので覚えておこう。

日本語訳

解 説
Explanation

私たちの学校へようこそ。私はルーシー，この学校の２年生です。

今日はみなさんに学校を案内します。

私たちの学校は2019年に建てられました，ですからまだ新しいですね。

私たちは今，体育館にいます。

まず図書館から始めましょう，その使い方を教えます。

それから，教室と音楽室を見て，No.1 ウ最後に食堂を見ます。そこで，みなさんは他の生徒や先生と対面することになっています。

No.1
他の生徒や先生と対面する場所は食堂＝the lunch roomだから，**ウ**だね。

その後，歓迎会をする予定です。

みなさんにお伝えしたいことがもう少しあります。

校舎の前でグループ写真を撮りましたね。

No.2その写真が欲しい人は，明日先生に申し出てください。

No.2
Ifで始まる文の後半の内容を答えればいいね。

何か質問はありますか？

では行きましょう。

私についてきてください。

Question No.1：日本の生徒はどこで他の生徒や先生と会いますか？

Question No.2：日本の生徒は写真が欲しい場合，明日何をすべきですか？

Question No.3：もしあなたが留学するなら，どの国に行きたいですか，そしてそれはなぜですか？

No.3
したいこととその理由を答えるときは，I want to 〜 because …. の形を使おう。
（例文の訳）
「訪れるたくさんの場所があるので，私はアメリカに行きたいです」

P3	What do you want to do in the future?	あなたは将来何をしたいですか？
	by bike	自転車で
	Can you ～?	～してくれませんか？
	Can I ～?	～してもいいですか？
	look at ～	～を見る
	have to ～	～しなければならない
P5	What's the matter?	どうしたの？
	last night	昨夜
	go to bed	寝る
	get up	起きる
	for ～（期間を表す言葉）	～の間
	stop ～ing	～することをやめる
	How about ～?	～はどうですか？
	Thank you for ～ing.	～してくれてありがとう
	for ～（対象を表す言葉）	～のために
P7	What time shall we meet?	何時に待ち合わせる？
	the ＋最上級＋ in ＋○○	○○の中で最も…
	no ＋人	（人）が1人も～ない
	I've never ～.	私は一度も～したことがない
	keep ＋人／もの＋状態	（人／もの）を（状態）に保つ
P9	school festival	学園祭
	look ～	～のように見える
	next to ～	～のとなりに
	I hear（that）～.	～だそうだ
	be good at ～ing	～することが得意だ
	be glad to ～	～してうれしい
	over ～	～以上
	make a speech	スピーチをする
	the number of ～	～の数
	keep ～ing	～し続ける
	go up	増加する
	go down	減少する
P11	Have you ever been to ～?	～に行ったことがありますか？
	May I help you?	お手伝いしましょうか？／いらっしゃいませ
	look for ～	～を探す
	What are you going to do?	何をするつもりですか？
	go fishing	釣りに行く
	May I speak to ～?	（電話で）～さんをお願いできますか？
P13	You have the wrong number.	番号が違っています
	I've just ＋過去分詞.	ちょうど～したところだ
	be famous for ～	～で有名である
	How long does it take to ～?	～するのにどれくらい時間がかかりますか？
	There is no ～.	～がない
P15	be ready	準備ができている
	tell ＋人＋ to ～	（人）に～するように言う
	Would you like some more?	もう少しいかが？
	How much ～?	～はいくらですか？

P17	Are you free?	(時間)が空いている？
	be out	外出している
	want + 人 + to ～	(人)に～してほしい
	Can I leave a message?	伝言をお願いできますか？
	Could you ～？	～していただけませんか？
P19	What kind of ～？	どんな種類の～？
	be surprised to ～	～して驚く
	decide to ～	～することに決める／決心する
	from A to B	AからBまで
	international	国際的な
P21	be held	開催される
	on the second day	2日目に
	a long time ago	昔
	Shall we ～？	(一緒に)～しましょうか？
P23	What's up?	どうしたの？
	for a long time	長い間／ずっと
	the same time	同じ時間
	invite ～	～を招く／誘う
	how to ～	～する方法
P25	What happened?	何かあった？
	so…that ～	とても…なので～
	feel sorry for ～	～に申し訳なく思う
	tell + 人 + that ～	(人)に～と言う
	improve	上達する
	encourage ～	～を励ます
	since then	それ以来
	keep ～ in mind	～を心に留める
	look forward to ～ ing	～することを楽しみにする
	do one's best	ベストを尽くす
P27	ask + 人 + to ～	(人)に～するように頼む
	each other	お互いに
	That sounds good.	それはいいね
	a lot of ～	たくさんの～
	actually	実際に／実は
P29	environment	環境
	more than ～	～以上
	finish ～ ing	～し終える
	one of ～	～の1つ
	the textbook says (that) ～	教科書には～と書いてある
	protect A from B	BからAを守る
P31	as ～	～として
	my first time	(私にとって)初めてのこと
	be happy to ～	～してうれしい
	sang	sing「歌う」の過去形
	How many hours ～？	何時間～？
P33	say goodbye to ～	～にさよならを言う
P35	Welcome to ～.	～へようこそ
	show + 人 + もの	(人)に(もの)を見せる
	a welcome party	歓迎会
	in front of ～	～の前で

聞き違いをしやすい表現
Easy to mistake

17

1 聞き違いをしやすい数

サー**ティー**ン　　　**サー**ティ
thirteen「13」と thirty「30」

 アクセントの位置に着目

後　　　　前
thirteen「13」と thirty「30」

フォーティーン　　　フォーティ
fourteen「14」と forty「40」

シックスティーン　　　シックスティ
sixteen「16」と sixty「60」

エイティーン　　　エイティ
eighteen「18」と eighty「80」

フィフティーン　　　フィフティ
fifteen「15」と fifty「50」

セブンティーン　　　セブンティ
seventeen「17」と seventy「70」

ナインティーン　　　ナインティ
nineteen「19」と ninety「90」

2 聞き違いをしやすい英語

キャン　　　　キャン（ト）
can「できる」と can't「できない」

 次の単語との間に着目

間がない　　　間がある
can 〜　　　can't 〜

ウォント　　　　　　ワントゥ
won't「しないつもり」と want to「したい」

フェアー　　　フェン
where「どこ？」と when「いつ？」

3 同じ発音で違う意味の英語

ワン　　　　　ワン
won「勝った」と one「1」

 単語の位置や文の意味で判断

「アイ ワン ザ プライズ」だったら
→ I won the prize.
私は賞を勝ち取りました

レッド　　　　レッド
red「赤」と read「読んだ」

「アイ チョゥズ ワン」だったら
→ I chose one.
私は1つを選びました

4 セットで読まれる英語

ゼァリズ
There is

 連語表現の発音に慣れよう

「ゼアー」と「イズ」を続けて読むと「ゼァリズ」
There　　　 is

ゲラップ　　　ピカップ　　　オプニット　　　シェイキット　　　トーカバウト　　　ハフトゥ
get up　　　pick up　　　open it　　　shake it　　　talk about　　　have to

ワノブ　　　ウォンチュー　　　ミーチュー　　　ディジュー　　　ミシュー
one of　　　want you　　　meet you　　　Did you　　　miss you

高校入試対策

英語リスニング練習問題

基本問題集

contents

※解答集は別冊です

はじめに

グローバル化が急速に進展する中で，外国語によるコミュニケーション能力は，一部の業種や職種だけでなく，今後の生活の様々な場面で必要になってきます。

学習指導要領では，小・中・高等学校での一貫した外国語教育を通して，外国語による「聞くこと」，「読むこと」，「話すこと」，「書くこと」の４つの技能を習得し，簡単な情報や考えなどを理解したり伝えあったりするコミュニケーション能力を身につけることを目標としています。

これを受けて，高校入試の英語リスニング問題は，公立高校をはじめ私立高校においても，問題数の増加や配点の上昇が顕著になってきています。

本書は，全国の高校入試の英語リスニングでよく出題されるパターンを，７つの章に分類し，徹底的に練習できるようになっています。リスニングの出題形式に慣れるとともに，解き方，答え合わせや復習のしかたがよく分かるようになるので，限られた時間の中で効率よく学習ができます。

高校入試の英語リスニング問題は，基礎的な単語や文法が中心で，長文読解問題に比べればそれほど複雑な内容ではありません。聴き取れれば解ける問題ばかりです。

本書で，やさしい問題から入試レベルの問題までを繰り返し練習し，入試本番の得点力を身につけてください。

この問題集の特長と使い方

１．準備をする！

高校入試では一斉リスニングの場合がほとんどです。できればイヤホン(ヘッドホン)を使わずに，CD プレイヤーやスピーカーを準備しよう。

問題は，章ごとに「基本問題」と「練習問題」があります。「基本問題」に取りかかる前に，「👆 ポイント」を読んでおこう。🔔ヒント や 📝メモ，⚠️ミスに注意 にも，あらかじめ目を通しておこう。

２．問題に取り組む！

準備ができたら，集中して音声を聴こう。間違えてもいいので必ず答えを書くことを心がけよう。

３．解答だけを確認する！

ひとつの問題を解き終えたら，解答集ですぐに答え合わせをしよう。このとき，まだ放送文や日本語訳は見ないでおこう。解答だけを確認したら，もう一度音声を聴こう。正解した問題は聴き取れたところを，間違えてしまった問題は聴き取れなかったところを，意識しながら聴いてみよう。

４．放送文を確認する！

今度は，解答集の放送文（英文）を目で追いながら音声を聴いてみよう。このとき，キーワードやキーセンテンス（カギとなる重要な文）を確実に聴き取れるまで何度も繰り返し聴いてみよう。途中で分からなくなったら最初から聴き直そう。

5．覚えたい表現やアドバイスを確認する！

　解答集では，英語リスニング問題でよく出る「覚えたい表現」や，同じパターンの問題を解くときのコツなどをアドバイスしています。よく読んでおこう。

6．日本語訳を確認する！

　解答集は，放送文と日本語訳が見開きのページに載っているので，照らし合わせながら確認しよう。内容を正しく理解できているか，会話表現の独特な言い回しをきちんと把握できているかを確認しよう。知らなかった単語や表現はここでしっかりと覚えておこう。

この章の問題を解くときの**ポイント**です。**基本問題**に取りかかる前に，読んでおこう。

各章に**基本問題**と**練習問題**があります。
基本問題でコツをつかんでから**練習問題**にチャレンジしよう。

正答数を書きます。2回目に解くときに1回目を上まわれるようがんばろう。

問題の難易度です。★の数が多いほど難易度が高くなります。

CDのトラックナンバーです。

解答 ➡ P11
解答集（別冊）のページです。

基本問題 の，

問題を解くときのヒントをくれる

音声を聴きながらメモをとるための空欄がある

間違えやすい所を教えてくれる

に目を通してから音声を聴こう。

音声の聴き方

　CDで音声を聴くことができます。CD以外でも，教英出版ウェブサイトでID番号を入力して音声を聴くことができます。ID番号を入力して音声を聴く方法は，都道府県版（別冊）の1ページをご覧ください。

第1章　　　　　絵・グラフ

- 音声を聞く前に選択肢の絵やグラフを見比べておこう。
- 絵やグラフを見比べたら，どんな英文が流れるか予想してみよう。
- 音声を聞きながら，答えに関係しそうな内容をメモしよう。

基本問題A　難易度 ★☆☆☆☆　　正答数　1回目 □　2回目 □　／3　解答 ➡ P3

次の対話を聞いて，そのあとの質問に対する答えとして最もふさわしい絵を，ア，イ，ウ，エから1つ選び，記号を書きなさい。

No.1

ア　　　　　イ　　　　　ウ　　　　　エ

職業を選ぶ問題かな？

No.2

ア　　　　　イ　　　　　ウ　　　　　エ

「ヘルメットをかぶって自転車で公園に行き，野球をする」といった話かな？

No.3

ア　　　　　イ　　　　　ウ　　　　　エ

卵

みかん □ 個

りんご □ 個

ジュース

No.1		No.2		No.3	

基本問題B　難易度 ★★★★★ 正答数 □ □ ／4 解答 ➡ P3

次の英文や対話を聞いて，そのあとの質問に対する答えとして最もふさわしい絵を，ア，イ，ウ，エから1つ選び，記号を書きなさい。

No.1

ア　イ　ウ　エ

ヒント
腕時計＝watch
掛け時計／置き時計
＝clock

No.2

ア　イ　ウ　エ

ヒント
天気：雨／雪
移動手段：
徒歩／自転車
どっちかな？

No.3

ア　イ　ウ　エ

メモ

昨夜 □ 。

今朝 □ 。

No.4

ア　イ　ウ　エ

ミスに注意

AMは午前，PMは午後だね。寝た時刻？起きた時刻？

| No.1 | | No.2 | | No.3 | | No.4 | |

次の対話を聞いて，そのあとの質問に対する答えとして最もふさわしい絵やグラフを，
ア，イ，ウ，エから1つ選び，記号を書きなさい。

No.1

No.2

No.3

No.4 「球技大会で何をやりたいか？」～クラス別　アンケート結果～

No.1		No.2		No.3		No.4	

次の対話や英文を聞いて，そのあとの質問に対する答えとして最もふさわしい絵やグラフを，ア，イ，ウ，エから1つ選び，記号を書きなさい。

No.1

No.2

No.3

No.4

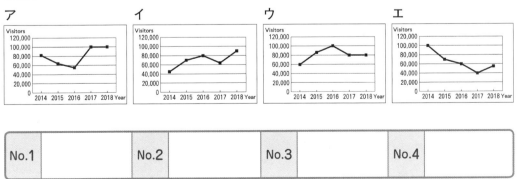

No.1		No.2		No.3		No.4	

- 音声を聞く前に，選択肢の内容を読み比べておこう。
- 対話を聞いて，最後の英文をメモしよう。
- 最後の英文が質問→質問の答えを選ぶ。質問ではない→話の流れに合うものを選ぶ。

基本問題　難易度 ★★☆☆☆ 　正答数 [1回目] [2回目] ／4　解答 ➡ P11

　次の対話を聞いて，最後の英文に対する受け答えとして最もふさわしいものを，ア，イ，ウから1つ選び，記号を書きなさい。

No.1
- ア　By plane.
- イ　For six days.
- ウ　With my family.

最後の英文
How long did you stay there? が聞き取れるかな？

No.2
- ア　Here you are.
- イ　I'm just looking.
- ウ　It's too expensive for me.

最後の英文

[　　　　　]

this one?

No.3
- ア　Sorry, I'm busy.
- イ　I hope the weather will be nice.
- ウ　Nice to meet you.

最後の英文が質問ではない→話の流れに合うものを選ぼう。

No.4
- ア　OK. I'll call again later.
- イ　Shall I take a message?
- ウ　Hello, Yoko. How are you?

相手が不在だった時，電話をかけた側がよく使う表現を選ぶよ。

No.1		No.2		No.3		No.4	

次の対話を聞いて，最後の英文に対する受け答えとして最もふさわしいものを，ア，イ，ウ，エから1つ選び，記号を書きなさい。

No.1

ア　I don't know your phone number.

イ　I see. Do you want to leave a message?

ウ　Can you ask him to call me?

エ　I'm so sorry.

No.2

ア　Sorry. I haven't washed the tomatoes yet.

イ　I don't think so. Please help me.

ウ　Thanks. Please cut these carrots.

エ　All right. I can't help you.

No.3

ア　Ten o'clock in the morning.

イ　Only a few minutes.

ウ　Four days a week.

エ　Every Saturday.

No.4

ア　Sure. I'll do it now.

イ　No. I've never sent him a letter.

ウ　Yes. You found my name on it.

エ　Of course. I finished my homework.

No.1		No.2		No.3		No.4	

- 音声を聞く前に，選択肢の内容を読み比べておこう。
- 対話を聞いて，人物の名前や行動などをメモしよう。
- 質問を聞いて，誰の何についての質問かメモしよう。

基本問題　難易度 ★★☆☆☆　　正答数 ｜1回目｜2回目｜／3　解答 ➡ P15

　次の対話や英文を聞いて，そのあとの質問に対する答えとして最もふさわしいものを，ア，イ，ウ，エから1つ選び，記号を書きなさい。

No.1

ア　She is going to do Mike's homework with her husband.

イ　She is going to cook dinner in the dining room.

ウ　She is going to go to the dining room with Mike.

エ　She is going to eat dinner with her husband and Mike.

📝メモ

マイク：｜　｜が終わった。おなかが｜　｜。｜　｜を呼びに行く。
母親：｜　｜の準備ができた。

No.2

ア　Yes, please. I want more.

イ　Help yourself, Lisa.

ウ　I'm sorry. I can't cook well.

エ　Of course. You can take it.

💡ヒント

対話の最後のリサの勧めに対する答えを選ぶよ。

No.3

ア　They are in the nurse's office.

イ　They are in the library.

ウ　They are at a stationery shop.

エ　They are at a birthday party.

💡ヒント

選択肢のThey areは共通だね。場所を選ぶ問題だよ。

No.1		No.2		No.3	

次の対話を聞いて，そのあとの質問に対する答えとして最もふさわしいものを，ア，イ，ウ，エから1つ選び，記号を書きなさい。

No.1

ア　This Saturday.

イ　This Sunday.

ウ　Tomorrow.

エ　Next Monday.

No.2

ア　To do Tom's homework.

イ　To bring Eita's math notebook.

ウ　To call Tom later.

エ　To leave a message.

No.3

ア　Because Mike said some museums in his country had *ukiyoe*.

イ　Because Mike learned about *ukiyoe* last weekend.

ウ　Because Mike went to the city art museum in Japan last weekend.

エ　Because Mike didn't see *ukiyoe* in his country.

No.4

ア　It took about 25 minutes from Toyama to Kanazawa.

イ　Hiroshi walked from Kanazawa Station to Kenroku-en.

ウ　Hiroshi went to many countries during his holiday.

エ　Hiroshi took a bus in Kanazawa.

No.1		No.2		No.3		No.4	

- 音声を聞く前に空欄を見て，聞き取る内容をしぼろう。
- fifteen「15」とfifty「50」などを聞き分けるために，数はアクセントに注意しよう。
- Tuesday「火曜日」とThursday「木曜日」の違いなど，曜日を正しく聞き取ろう。

基本問題　　難易度 ★★★★★　　⊙9　　正答数 1回目□ 2回目□ ／6　解答 ➡ P21

No.1　デイビッドと教子の対話を聞いて，【教子のメモ】のア，イ，ウにあてはまる言葉を日本語または数字で書きなさい。

📝メモ

【教子のメモ】

> お祭りのダンスイベント
> ・（　ア　）曜日に行われる。
> ・集合時刻は午後（　イ　）。
> ・集合場所は音楽ホール。
> ・Tシャツの色は（　ウ　）色。

お祭り：
□曜日〜□曜日
ダンスイベント：
□日目
開始時刻: 午後□時
集合時刻: □分前
Tシャツの色: □色

No.2　ケイトと英太の対話を聞いて，【英太のメモ】のア，イ，ウにあてはまる言葉を日本語または数字で書きなさい。

【英太のメモ】

> ・古い建物は（　ア　）である。
> ・約（　イ　）年前に建てられ，学校として使われていた。
> ・昔の人々がどのように（　ウ　）していたかを見ることができる。

⚠️ミスに注意

アクセントに注意して数を聞き取ろう。

No.1	ア		イ		ウ	
No.2	ア		イ		ウ	

No.1 マイクとリサの対話を聞いて，対話のあとに【リサがナンシーの留守番電話に残したメッセージ】のア，イにあてはまる言葉を英語または数字で書きなさい。

【リサがナンシーの留守番電話に残したメッセージ】

Hi, Nancy.　This is Lisa.

Mike's brother is going to stay in Fukuoka for three weeks.

So Mike and I have decided to take him to a ramen shop next （　ア　）.

They will come to my house at （　イ　）, and we will walk to the shop.

If you want to join us, please tell me.

No.2 ジェームスとアヤの対話を聞いて，対話のあとに【アヤがジェームスに送ったメール】のア，イにあてはまる言葉を英語で書きなさい。

【アヤがジェームスに送ったメール】

Hi, James.

I enjoyed the concert today.

I am happy because I can （　ア　） how to play the violin from you.

I will see you at your house on （　イ　）.

No.1	ア		イ	
No.2	ア		イ	

第5章　　　　対話と質問（複数）

- 音声を聞く前に，問題文をよく読み，登場人物の名前や立場を把握しよう。
- 音声を聞く前に，選択肢（と質問）から聞き取る内容をしぼろう。
- 音声を聞きながら，「誰が何をした」に関する内容をメモしよう。

基本問題　難易度 ★★★☆☆　　正答数 [1回目] [2回目] ／4　解答 ➡ P25

　　ALTのブラウン先生とケンジの対話を聞いて，次の質問に対する答えとして最もふさわしいものを，**ア，イ，ウ**から1つ選び，記号を書きなさい。

No.1　What happened to Kenji's basketball team last week?
　ア　His team won the game.
　イ　His team lost the game.
　ウ　His team became stronger by practicing hard.

No.2　How does Kenji feel when he makes mistakes in the basketball game?
　ア　He always feels sorry for his friends in his team.
　イ　He doesn't understand how he feels.
　ウ　He is encouraged by making mistakes.

No.3　When will Kenji have his next game?
　ア　He will have it in December.
　イ　He will have it in November.
　ウ　He will have it in October.

No.4　Which is true?
　ア　Kenji learned that he could improve his basketball skills by making mistakes.
　イ　Kenji was encouraged by his friend's words and smile.
　ウ　Kenji has played basketball for ten years in America.

📝**メモ**

- 先週の試合でケンジのチームは[　]た。
- ブラウン先生は[　]で[　]年間バスケットボールをしていた。
- ケンジはミスをすると[　]に[　]と思う。
- ブラウン先生はミスをすると[　]に[　]いた。
- しかし，ブラウン先生の友達がまた[　]すればいいと言った。その[　]と[　]に励まされた。
- ケンジはブラウン先生からとても[　]なことを学んだ。今ではミスをすることで[　]の技術が[　]すると信じている。
- ケンジの次の[　]は[　]月にある。
- ブラウン先生は[　]を楽しみにしている。
- ケンジは[　]つもりだ。

No.1		No.2		No.3		No.4	

ダイキとキャシーの春休みの予定についての対話を聞いて，そのあとの質問に対する答えとして最もふさわしいものを，ア，イ，ウ，エから1つ選び，記号を書きなさい。

No.1
- ア　He lived in Tokyo.
- イ　He lived in Sydney.
- ウ　He lived in Osaka.
- エ　He lived in America.

No.2
- ア　Cathy will.
- イ　Sam will.
- ウ　Sam's parents will.
- エ　Kate will.

No.3
- ア　Yes, she does.
- イ　No, she doesn't.
- ウ　Yes, she has.
- エ　No, she hasn't.

No.4
- ア　She likes to send e-mails.
- イ　She likes to go shopping.
- ウ　She likes to go to the zoo.
- エ　She likes to take pictures.

No.1		No.2		No.3		No.4	

第6章　　　英文と質問（複数）

- 音声を聞く前に，問題文をよく読み，話をする人の名前や立場を把握しよう。
- 音声を聞く前に，選択肢（と質問）から聞き取る内容をしぼろう。
- 音声を聞きながら，キーワードをメモしよう。

__基本問題__　難易度 ★ ★ ★ ☆ ☆　　◎13　　正答数 [1回目] [2回目] ／3　解答 ➡ P29

　ALTのグリーン先生が夏休みの宿題について話をします。それを聞いて，次の質問に対する答えとして最もふさわしいものを，ア，イ，ウ，エから1つ選び，記号を書きなさい。

No.1　生徒たちには，どのような宿題が出されましたか。
ア　A report about one of the problems written in the textbook.
イ　A report about what the students did during summer vacation.
ウ　A report about how to use the city library.
エ　A report about people around the world.

No.2　教科書には，何をしなければならないと書いてありましたか。
ア　To read books in the city library for the report.
イ　To finish writing a report about the problems in our environment.
ウ　To learn about how the Internet can help the students.
エ　To keep thinking about protecting our environment.

No.3　生徒たちは，いつ先生に宿題を提出しなければなりませんか。
ア　After the next class.
イ　At the end of summer vacation.
ウ　At the first class after summer vacation.
エ　At the last class of this year.

📝メモ

- ☐ 前の ☐ 。
明日から ☐ 日間の
休みに入る。
- ☐ 問題について
のレポートを書く。
英単語を ☐ 語以
上使う。
- ☐ につい
ての ☐ を読み
終えた。
- ☐ の中で ☐
☐ がある問題を選
ぶ。
- ☐ には ☐
☐ の誰もが環境を
☐ について
考え続けなければな
らないと書いてある。
- 詳しく知りたい人は
☐ や
☐ の
本を利用する。
- ☐ でレポー
トを提出する。

No.1		No.2		No.3	

教子が祖母の誕生日パーティーについて話をします。それを聞いて，そのあとの質問に対する答えとして最もふさわしいものを，ア，イ，ウ，エから1つ選び，記号を書きなさい。

No.1

　ア　Kyoko's grandmother did.

　イ　Kyoko's mother did.

　ウ　Kyoko's father did.

　エ　Kyoko did.

No.2

　ア　Because Kyoko makes a birthday cake every year.

　イ　Because Kyoko couldn't buy a cake at the cake shop.

　ウ　Because Kyoko's grandmother asked her to make a cake.

　エ　Because Kyoko's grandmother made a bag for her.

No.3

　ア　Nine hours.

　イ　Six hours.

　ウ　Four hours.

　エ　One hour.

No.4

　ア　She enjoyed a special lunch with her grandmother.

　イ　She sang a birthday song for her grandmother with her parents.

　ウ　She said to her grandmother, "Thank you."

　エ　She showed the bag to her grandmother.

No.1		No.2		No.3		No.4	

第7章　　　　作　文

- 音声を聞く前に，登場人物と作文の条件を確認しよう。
- 本文→質問の順で放送されることが多い。質問は確実に聞き取ろう。
- 自信のない表現は避け，自分が正しく書ける表現を使って英文を作ろう。

基本問題　難易度 ★★★★☆　　◎15　　正答数 □ □ ／2　解答 ➡ P33

1回目　2回目

No.1　ジョンと教子の対話を聞いて，教子の最後の問いかけに対する答えを，ジョンに代わって英文で書きなさい。

転校していくクラスメートにしてあげられることを書こう。
We can ～「(僕らは)～できる」の書き出しではじめよう。

No.2　ALTのデイビッド先生の話を聞いて，先生の指示に対するあなたの答えを2文以上の英文で書きなさい。

2文以上で書くよ。質問で2つのことを聞かれるから，それぞれ1文ずつ書こう。
1文目は主語+can ～「～できる」の形で書くといいね。
2文目の理由は
It's because ～ .
「それは～だからだ」を使おう。

No.1	
No.2	

カナダの高校に留学にきた日本の生徒たちに向けてルーシーが学校の案内をします。その説明を聞いて，次の各問いに答えなさい。

　No.1では，そのあとの質問に対する答えとして最もふさわしいものを，**ア，イ，ウ，エ**から1つ選び，記号を書きなさい。

　No.2では，質問に対する答えをルーシーが説明した内容に合うように英文で書きなさい。

　No.3では，質問に対するあなたの答えを英文で書きなさい。

No.1

ア　In the gym.

イ　In the library.

ウ　In the lunch room.

エ　In front of their school.

No.2　（質問に対する答えを英文で書く）

No.3　（質問に対する答えを英文で書く）

No.1	
No.2	
No.3	

CDトラックナンバー 一覧

音声の聴き方

　CDで音声を聴くことができます。CD以外でも，教英出版ウェブサイトでID番号を入力して音声を聴くことができます。ID番号を入力して音声を聴く方法は，都道府県版（別冊）の1ページをご覧ください。